500 Hidden Secrets

BRÜGGE

BRUCKMANN

EINLEITUNG

Die meisten Reiseführer verweisen auf immer wieder die gleichen Orte. Dieses Buch ist anders. Es führt Sie zu den versteckten Punkten in Brügge, die fast niemand kennt. Es will Sie anregen, die ausgetretenen Pfade zu verlassen, um die stillen Kanäle, vergessenen Kirchen und verborgenen Hintergassen zu entdecken. Hier erwarten Sie 500 weniger bekannte Plätze der Stadt, darunter ein Restaurant, bei dem sich alles um Tauben dreht, eine stilvolle Apotheke und ein romantischer Friedhof.

Mit diesem Buch in der Tasche sind Sie perfekt gerüstet, um außergewöhnliche Concept-Stores, geheime Bars mit seltenen Biersorten und ausgefallene einheimische Spezialitäten zu erkunden. Es dirigiert Sie zu den besten Orten für original belgische Pommes, zu Sitzbänken mit Ausblick und den schönsten Fahrradrouten außerhalb der Stadtgrenzen.

Nicht alles, was es in Brügge zu sehen gibt, finden Sie hier erwähnt, denn es existieren bereits genug Stadtführer, Webseiten und Blogs, die sich den bekannten Sehenswürdigkeiten widmen. Vielmehr geht dieses Buch einen Schritt weiter, indem es die unerwarteten Orte aufführt, die der Autor einem Freund empfehlen würde, der das ursprüngliche Brügge entdecken möchte.

Man muss nicht alles, was in diesem Buch genannt wird, akribisch abarbeiten. Doch versuchen Sie zumindest ein Brugse Zot in einer der 5 besten Kneipen zu probieren, in einem der 5 romantischsten Restaurants zu essen und auf einer der 5 beschaulichsten Brücken zu stehen. Danach werden Sie verstehen, warum die Menschen sich seit mehr als 500 Jahren für diese kleine Stadt begeistern.

ÜBER DAS BUCH

Dieser Reiseführer listet 500 wissenswerte Tipps zu Brügge in 100 verschiedenen Kategorien auf. Einiges davon sind Orte, die sich abseits der Touristenpfade befinden. Andere sind bunt zusammengewürfelte Informationen, die einem einen Einblick in die Seele der Stadt geben. Das Ziel ist es, zu inspirieren, nicht die Stadt von A bis Z vorzustellen.

Zu jedem Eintrag sind eine Nummer, die Adresse sowie der jeweilige Stadtteil angegeben, damit Sie die Orte auf den Karten am Anfang des Buches finden. Suchen Sie nach der Karte des entsprechenden Stadtteils und dann nach der Nummer. Hierzu ein wichtiger Hinweis: Die Karten sind nicht sehr detailliert und können deshalb nur einen groben Überblick geben. Einen genaueren Stadtplan erhalten Sie bei jeder Touristeninformation ('t Zand 34 und am Bahnhof).

Bitte denken Sie daran, dass eine Stadt wie Brügge sich ständig verändert. Der flämische Chefkoch hat vielleicht ausgerechnet bei Ihrem Besuch einen schlechten Tag. Ein ausgezeichnet bewertetes romantisches Hotel mag inzwischen unter neuem Management seine Qualität eingebüßt haben. Oder eine von uns angepriesene Bar hat die Türen für immer geschlossen. Aber nahezu jedes Jahr erscheint eine überarbeitete Auflage, die wichtige Veränderungen und neue Trends aufnimmt.

Dazu ist die hier vorgestellte Auswahl eine sehr persönliche, mit der Sie nicht immer übereinstimmen werden. Wenn Sie einen Kommentar hinterlassen, eine Bar empfehlen oder Ihren Lieblingsort verraten möchten, besuchen Sie bitte *www.the500hiddensecrets.com* oder folgen Sie *@500hiddensecrets* auf Instagram. Weitere versteckte Orte in Brügge finden Sie auf der Webseite, ebenso wie Informationen zu den mehr als 25 weiteren Städten der Hidden-Secrets-Reihe.

DER AUTOR

Derek Blythe lebt seit über 30 Jahren in Belgien. Als Journalist hat er beinahe jede Ecke des Landes erkundet. Der frühere Herausgeber der in Brüssel ansässigen englischsprachigen Wochenzeitschrift *The Bulletin* schreibt ebenfalls für den *Guardian* und die *Financial Times* und ist Autor seines eigenen Blogs *www.mysecretbrussels.com*. Auf Stadtrundgängen führt er kleine Gruppen zu den geheimen Orten in Brüssel, Antwerpen und Gent.

2012 veröffentlichte er *500 Hidden Secrets Brüssel*. Der Bestseller erhielt viel Anerkennung, denn er zeigte Touristen wie Einheimischen die bis dato unbekannten Seiten der Stadt. In den folgenden Jahren erschienen die Reiseführer *500 Hidden Secrets Antwerpen*, gefolgt von *500 Hidden Secrets Gent* und vor Kurzem *Hidden Belgium*.

Der Autor hat Brügge über viele Jahre erkundet. Doch nicht alles hat er allein entdeckt. Großer Dank gebührt den Freunden, Einheimischen und Fremden, die jahrelang großzügig ihre Geheimnisse geteilt haben.

BRÜGGE
Überblick

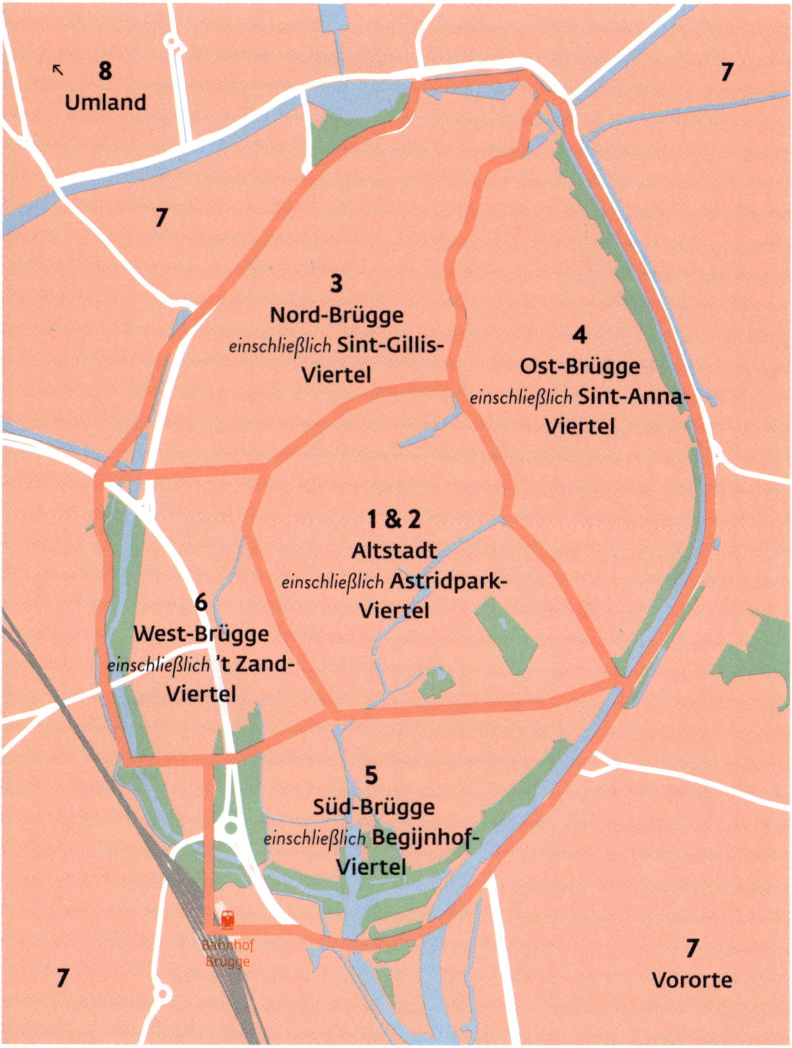

Karte 1

ALTSTADT (NORD)

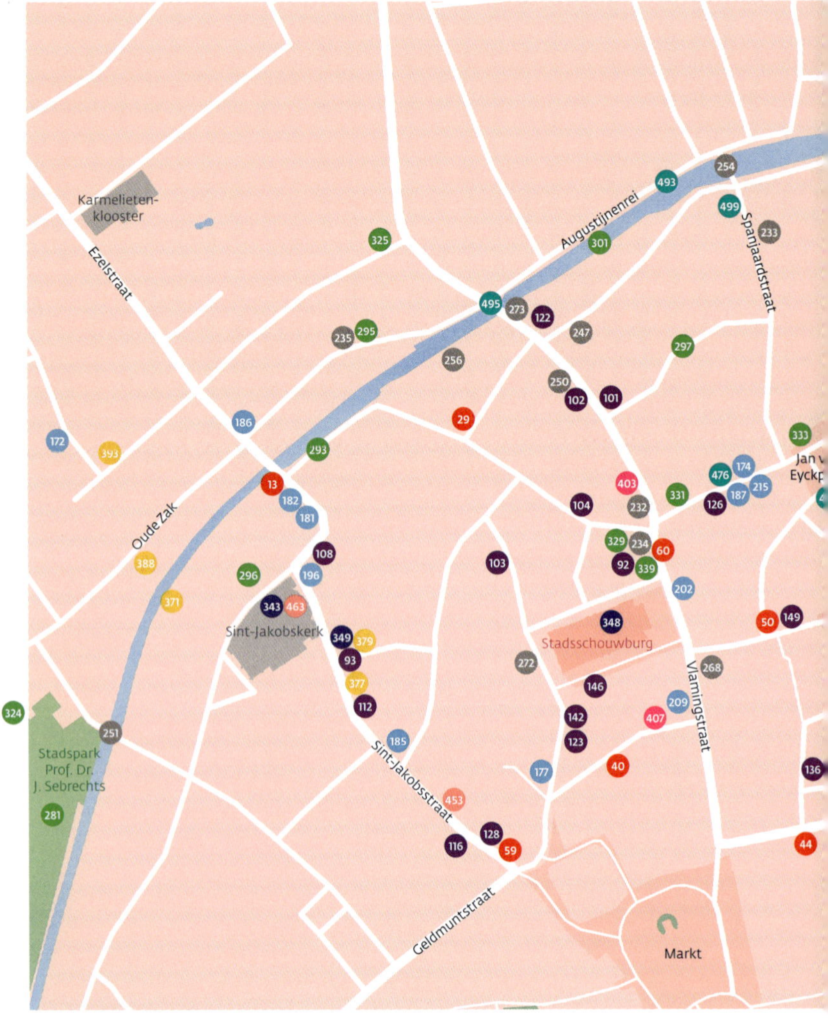

ESSEN — TRINKEN — SHOPPEN — GEBÄUDE — ENTDECKEN — KULTUR — SCHLAFEN — WOCHENENDE — LEUTE — QUERBEET

ESSEN – TRINKEN – SHOPPEN – GEBÄUDE – ENTDECKEN – KULTUR – SCHLAFEN – WOCHENENDE – LEUTE – QUERBEET

Karte 2

ALTSTADT (SÜD)

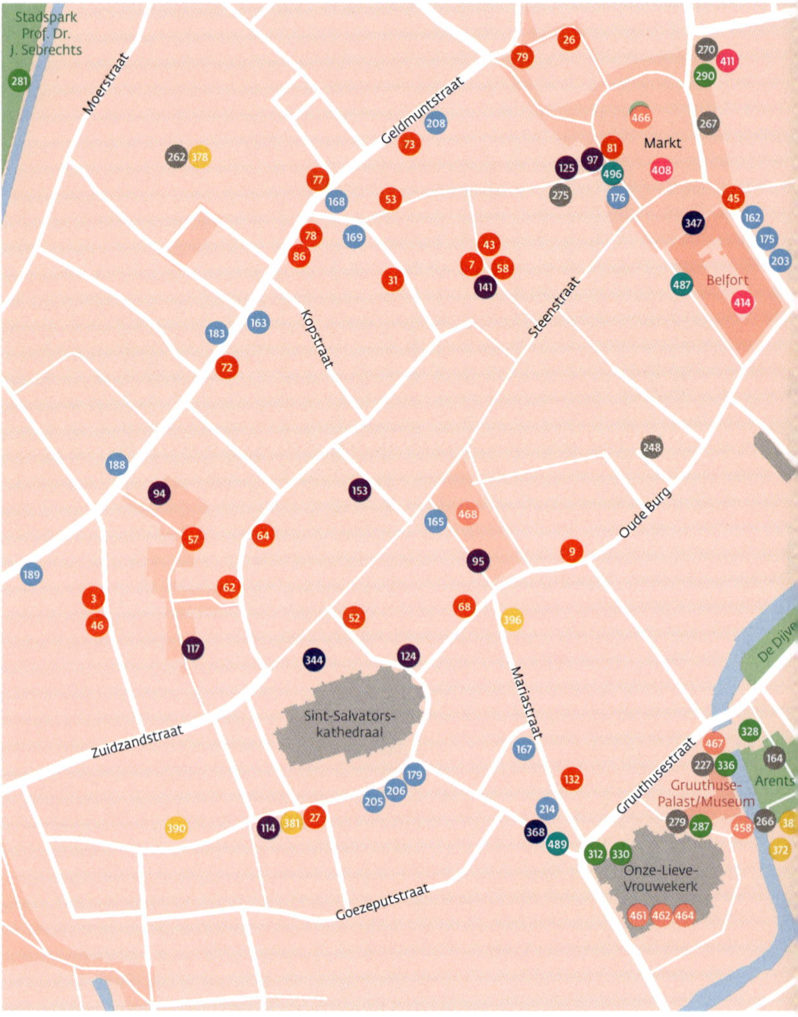

ESSEN – TRINKEN – SHOPPEN – GEBÄUDE – ENTDECKEN – KULTUR – SCHLAFEN – WOCHENENDE – LEUTE – QUERBEET

einschließlich **ASTRIDPARK-VIERTEL**

ESSEN – TRINKEN – SHOPPEN – GEBÄUDE – ENTDECKEN – KULTUR – SCHLAFEN – WOCHENENDE – LEUTE – QUERBEET

Karte 3

NORD-BRÜGGE

einschließlich SINT-GILLIS-VIERTEL

ESSEN – TRINKEN – SHOPPEN – GEBÄUDE – ENTDECKEN – KULTUR – SCHLAFEN – WOCHENENDE – LEUTE – QUERBEET

Karte 4

OST-BRÜGGE

einschließlich **SINT-ANNA-VIERTEL**

ESSEN – TRINKEN – SHOPPEN – GEBÄUDE – ENTDECKEN – KULTUR – SCHLAFEN – WOCHENENDE – LEUTE – QUERBEET

Karte 5
SÜD-BRÜGGE
einschließlich BEGIJNHOF-VIERTEL

ESSEN — TRINKEN — SHOPPEN — GEBÄUDE — ENTDECKEN — KULTUR — SCHLAFEN — WOCHENENDE — LEUTE — QUERBEET

365
Nieuwe Gentweg
406
24
Gentpoortstraat
259
Oude Gentweg
284
Katelijnestraat
292
38
218
36
437
Buiten Gentpoortvest
500
310
Kanal Gent-Brügge
54

Karte 6

WEST-BRÜGGE

einschließlich 'T ZAND-VIERTEL

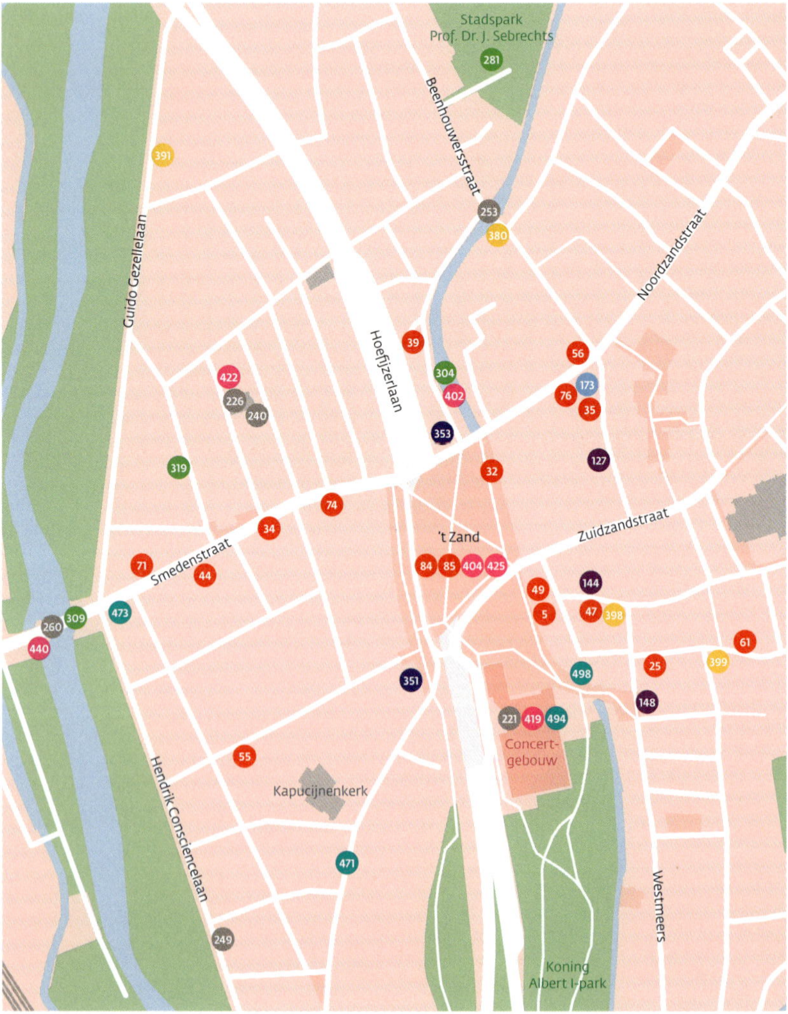

ESSEN – TRINKEN – SHOPPEN – GEBÄUDE – ENTDECKEN – KULTUR – SCHLAFEN – WOCHENENDE – LEUTE – QUERBEET

Karte 7

VORORTE

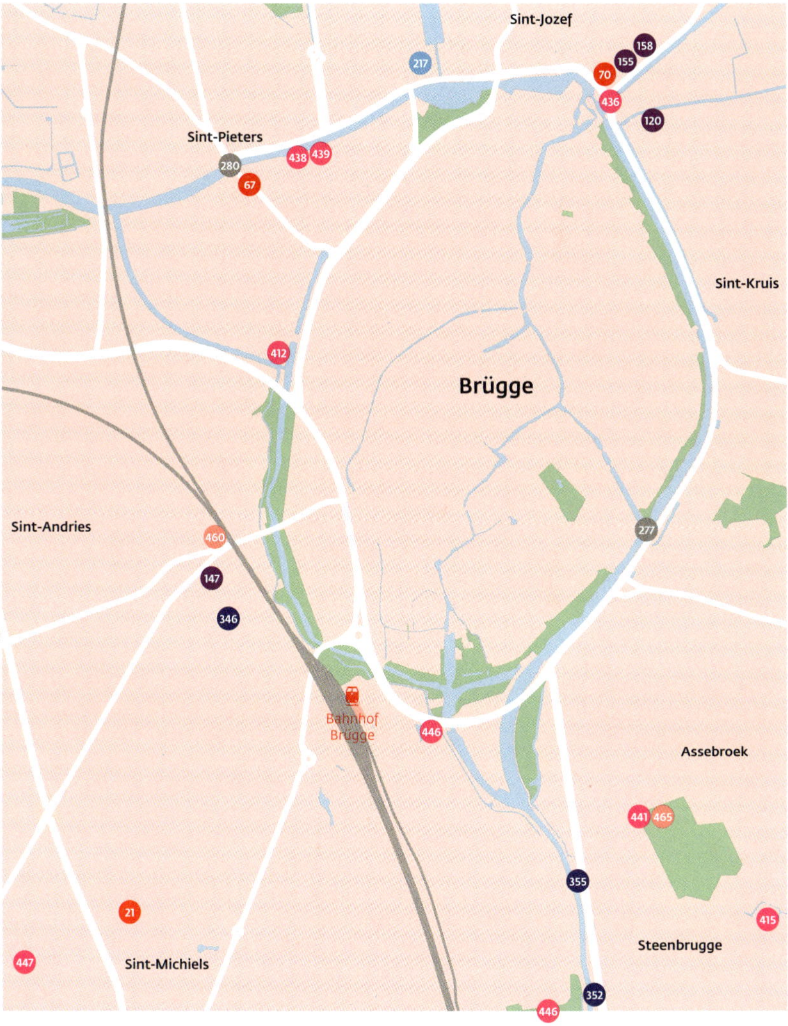

ESSEN – TRINKEN – SHOPPEN – GEBÄUDE – ENTDECKEN – KULTUR – SCHLAFEN – WOCHENENDE – LEUTE – QUERBEET

Karte 8

UMLAND

ESSEN – TRINKEN – SHOPPEN – GEBÄUDE – ENTDECKEN – KULTUR – SCHLAFEN – WOCHENENDE – LEUTE – QUERBEET

gereserveerd

90 ORTE FÜR GUTES ESSEN

Die 5 KREATIVSTEN RESTAURANTS

1 **LIEVEN**
Philipstockstraat 45
Altstadt ①
+32 (0)50 68 09 75
etenbijlieven.be

Chefkoch Lieven Vynch hat den Innendesigner Lieven Musschoot mit der Umwandlung eines verlassenen Eckhauses im Herzen von Brügge beauftragt, der die Holzbalken und den Marmorkamin des geschichtsträchtigen Hauses liebevoll restauriert hat. In der kleinen Küche zaubert Vynck mit seinem Team die leckersten Gerichte.

2 **BRUUT**
Meestraat 9
Altstadt ②
+32 (0)50 69 55 09
bistrobruut.be

Bevor Bruno Timperman dieses kleine Lokal mit Blick auf eine historische Brücke eröffnete, hatte er viele Jahre lang in verschiedenen Edelrestaurants gearbeitet. In seiner Kellerküche knapp oberhalb der Wasserlinie bereitet er ein festes Menü aus frischen heimischen Zutaten zu.

3 **BONTE B**
Dweersstraat 12
Altstadt ②
+32 (0)50 34 83 43
restaurantbonteb.be

Bernard Bronte führt mit Frau Valerie ein modernes Restaurant mit exquisiten frankobelgischen Gerichten, das ein überwiegend einheimisches Publikum anspricht. Im legeren Inneren erwartet den Gast ein nordisch inspiriertes Design.

4 **REFTER**
Molenmeers 2
Sint-Anna-Viertel ④
+32 (0)50 44 49 00
bistrorefter.com

Dieses bescheidene, von noArchitecten entworfene sonnige und offene Bistro hat der Brügger Chefkoch Geert van Hecke auf der Rückseite seines bejubelten (jetzt geschlossenen) Restaurants De Karmeliet eröffnet. Auf der Speisekarte finden sich traditionelle flämische Spezialitäten wie *paling in 't groen* – in Kräutern und Knoblauch gekochter Aal.

5 **L.E.S.S.**
't Zand 21
't Zand-Viertel ⑥
+32 (0)50 69 93 69
l-e-s-s.be

Das neue Bistro von Gert De Mangeleer und Joachim Boudens, die mehrere Jahre das viel gelobte Hertog Jan leiteten, lehnt sich an japanische Sushi-Bars an. In einer offenen Küche werden Speisen, die sich gut mit Freunden teilen lassen, aus erlesenen Zutaten zusammengestellt, z.B. Freygaard-Rindfleisch aus Finnland.

4 REFTER

5 *Restaurants mit*

AUTHENTISCHER BELGISCHER KÜCHE

6 **'T BAGIENTJE**
Oostmeers 130
Begijnhof-Viertel ⑤
+32 (0)50 33 11 20
bagientje.be

Obwohl erst 2011 eröffnet, wirkt das 't Bagientje, als wäre es seit Jahrzehnten Teil der Szene. Die Einheimischen lieben die altmodischen Details wie die Holzvertäfelung, die alte Uhr und die Porzellanterrinen, aber auch die großzügigen Portionen. Die Speisekarte erinnert an eine Lokalzeitung der 1950er-Jahre. Die Speisen basieren auf altflämischen Kochtraditionen.

7 **DE STOVE**
Kleine Sint-Amandsstraat 4
Altstadt ②
+32 (0)50 33 78 35
restaurantdestove.be

Dieses kleine Restaurant unweit des Marktes existiert seit 1985. Die Inneneinrichtung ist traditionell flämisch: Im Winter sorgt ein Eisenofen für Wärme. Als Nico und seine Köchin Debbie das Lokal 2017 von den ehemaligen Besitzern übernahmen, erhielt die Küche neue kreative Impulse.

8 **BELGIAN PIGEON HOUSE**
Sint-Jansplein 12
Altstadt ①
+32 (0)50 66 16 90
belgianpigeon house.com

Dieses familiäre Restaurant in einem historischen Brügger Wohnhaus ist vollgestopft mit Andenken rund um den Taubensport, darunter gerahmte Bilder und alte Plakate. Die herzhaften Gerichte werden fast ausschließlich auf einem spanischen Josper-Holzkohleofen zubereitet. Auf der Karte stehen würzige Hähnchensnacks und knusprige Brattaube.

9 **DE KOETSE**
Oude Burg 31
Altstadt ②
+32 (0)50 33 76 80
dekoetse-brugge.be

Ein gastliches Restaurant im Herzen der Altstadt mit einem offenen Kamin für kalte Winterabende. »Die Kutsche« befindet sich in einem Eckhaus aus dem 17. Jahrhundert und erinnert mit seiner rustikalen Einrichtung an ein flämisches Landhaus. Hier kann man sich darauf verlassen, dass man ein perfektes Steak, einen Topf Zeeländer Muscheln oder gegrillten Fisch am Spieß erhält.

10 **DILIGENCE**
Hoogstraat 5
Altstadt ②
+32 (0)50 33 16 60
diligence-brugge.be

Dieses alte Brügger Restaurant in einem Eckhaus liegt unweit des zentralen Marktplatzes und ist typisch belgisch mit Holzvertäfelung, Spiegeln und einem geschwungenen Tresen eingerichtet. Die Küche serviert traditionelles belgisches Essen mit einer bisweilen kreativen Note. Im Film *Brügge sehen… und sterben?* diente das Lokal als Kulisse für eine Szene, in der zwei irische Auftragskiller auf eine Prostituierte und einen Zwerg treffen.

5 ROMANTISCHE RESTAURANTS

11 **'T OUD HANDBOGENHOF**
Baliestraat 6
Sint-Gillis-Viertel ③
+32 (0)50 33 19 45

Die Kneipe, in der sich früher die Schützengilde zu Bier und Billard traf, liegt in einer beschaulichen Straße unweit der Sint-Gillis-Kirche. Heute gehört das Restaurant zu einem benachbarten Hotel. Das rustikale Interieur, der offene Kamin und der Hinterhof sind unverändert. Neu ist die kreative Speisekarte mit saisonalen, landestypischen Spezialitäten wie Spargel und Muscheln sowie echten belgischen Bieren.

12 **TOM'S DINER**
West-Gistelhof 23
Sint-Gillis-Viertel ③
+32 (0)50 33 33 82
tomsdiner.be

Tom Mestdaghs Gerichte sind äußerst innovativ. Sein Restaurant, ruhig gelegen in einem romantischen Backsteinhaus aus dem 16. Jahrhundert, zieht eine Mischung aus einheimischen Gourmets und neugierigen Touristen an. Dem altertümlichen Interieur hat man einen modernen skandinavischen Look mit schlichten Holztischen und farbenfrohen Kissen verpasst.

13 DE BOTTELIER

Sint-Jakobsstraat 63
Altstadt ①
+32 (0)50 33 18 60
debottelier.com

Das kleine, quirlige Restaurant, vollgestopft mit antiken Uhren, altmodischen Lampen, alten Fotografien und einer Schneiderpuppe, befindet sich neben einer historischen Brücke. In diesem Sammelsurium sitzen die Gäste an Tischen, die den Kanal überblicken. Der liebenswürdige Besitzer spricht mit einer erschwinglichen Mittagskarte und belgischer Küche Einheimische wie Touristen gleichermaßen an. Am besten vorher reservieren.

14 DEN GOUDEN HARYNCK

Groeninge 25
Altstadt ②
+32 (0)50 33 76 37
goudenharynck.be

Dieses Restaurant liegt versteckt in einer schmalen Gasse unweit des Groeningemuseums. Den Namen hat es vom vergoldeten Hering über der Tür übernommen. Der Chefkoch bereitet hier seit über 30 Jahren kreative Gerichte zu. Er wird insbesondere für seine innovativen Fischspezialitäten geschätzt.

15 DE SCHAAR

Hooistraat 2
Ost-Brügge ④
+32 (0)50 33 59 79
bistrodeschaar.be

Dieses rustikale Bistro mit kanalseitiger Terrasse war im 18. Jahrhundert ein Gasthaus. Den Namen hat es von dem Scherenzeichen auf der Backsteinfassade. Abseits der Touristenpfade konnte es sich einen gewissen lokalen Charme bewahren. Die meisten Gerichte, die über einem offenen Feuer gegrillt werden, haben etwas mit Fleisch oder Fisch zu tun.

13 DE BOTTELIER

Die 5 besten Restaurants mit BRÜGGER ATMOSPHÄRE

16 **'T GEZELLEKE**
Carmersstraat 15
Sint-Anna-Viertel ④
+32 (0)470 12 21 83

Das nach dem hiesigen Dichter Guido Gezelle benannte Lokal hat eine freundlich-romantische Einrichtung aus rot karierten Tischdecken, von der Decke hängendem Hopfen und einer Büste des Namensgebers. Die Küche konzentriert sich auf flämische Wohlfühlgerichte wie Rindereintopf in Mc-Chouffe-Bier, Nordseefischtopf und geschmortes Kaninchen in Lindemans-Kirschbier.

17 **CÉZAR**
Jeruzalemstraat 1
Sint-Anna-Viertel ④
+32 (0)50 70 97 84
restaurant-cezar.be

Besonders Einheimische besuchen gern dieses legere Restaurant im Viertel rund um die Jeruzalemkerk. Die jungen Besitzer haben mit Hilfe von gemusterten Tapeten, gedämpftem Licht und bunt gemischten Stühlen eine herzliche, gemütliche Atmosphäre geschaffen. David ist verantwortlich für die innovativen Gerichte, die auf flämischen Klassikern beruhen, und Sarah kümmert sich um die Gäste.

18 **IN 'T NIEUW MUSEUM**
Hooistraat 42
Ost-Brügge ④
+32 (0)495 32 62 04
nieuw-museum.com

Dieses familiengeführte Restaurant gibt es schon seit 1978. Der Name geht auf ein geplantes, aber nie eröffnetes Museum zurück. Heute unter Leitung von Koen und Marijke, erinnert es mit seinem vollgestellten und rustikalen Interieur aus Metall-Bierschildern, historischen Fotos und Kochgerät an ein traditionell flämisches Café. Die meisten kommen wegen der riesigen Steaks und dem Tunfisch hierher. Beides wird auf einem alten Ziegelgrill zubereitet.

19 **LION BELGE**
Langestraat 123
Ost-Brügge ④
+32 (0)496 21 02 44
lionbelge.eu

Sam Foucart hat eine alteingesessene Brügger Kneipe in ein authentisches kleines Restaurant verwandelt, wo man einige der leckersten flämischen Gerichte der Stadt kosten kann. Das Interieur ist schlicht: der originale Tresen, winzige Holztische und Industrielampen. Hierhin geht man am besten für einen Schmortopf mit belgischen Pommes und ein Glas Brugse Zot.

20 **DE TWIJFELAAR**
Eekhoutstraat 24
Altstadt ②
+32 (0)50 34 15 44
detwijfelaar.be

Dieses intime Bistro lädt zu einer kreativen flämischen Küche in entspannter Atmosphäre ein. Das Interieur ist eine warme Mischung aus unverputzem Backstein, Fliesenboden und Holzmöbeln. Die netten Besitzer haben die Wände mit modernen Bildern geschmückt, darunter Werke des Brügger Straßenkünstlers Wietse.

Die 5 besten
NEUEN KONZEPTE

21 **TÊTE PRESSÉE**
Koningin
Astridlaan 100
Vororte ⑦
+32 (0)470 21 26 27
tetepressee.be

Chefkoch Pieter Lonneville hat eine Metzgerei am Rande der Stadt in einen schicken Feinkostladen mit Bistrotresen verwandelt. Hier soll um den großen Holztisch herum die nostalgische Atmosphäre einer Familienmahlzeit entstehen. Gekocht wird in einer offenen Küche mit frischen, lokalen Produkten, oftmals in Anlehnung an isländische Kochtraditionen.

22 **LOCÀLE**
Ezelstraat 21
Nord-Brügge ③
+32 (0)50 33 95 21
locale.be

Siebzehn Jahre, nachdem Jürgen Aerts sein gefeiertes Restaurant Kok au Vin eröffnete, startet er mit einem frischen Konzept an gleicher Stelle erneut durch. Hier dreht sich alles um kleine Gerichte zum Teilen, zum Beispiel Nordseekrabben, Tintenfisch und Schweinebacken. Wo möglich, wird mit Bio-Produkten aus der Umgebung gekocht.

23 **ORANGE DISTRICT**

Langestraat 15
Sint-Anna-Viertel ④
+32 (0)50 96 06 17
rock-fort.be

Ein düsteres Treppenhaus führt zu einem unauffälligen Restaurant mit gerade einmal sieben Tischen. Dies ist die brandneue Idee von Peter Laloo und Hermes Vanliefde, 20 Jahre nach Eröffnung ihres hippen Restaurants Rock-Fort. 2021 fanden sie, dass es Zeit sei für ein überarbeitetes Konzept. Das Ergebnis ist ein neuer Gourmettempel, der exklusive Mitnehmgerichte, Street-Food und eine gehobene Küche miteinander verschmilzt. Jeder Gang der festen Menüs ist inspirierend, frisch und pur.

24 **KOMTUVEU**

Gentpoortstraat 51
Süd-Brügge ⑤
+32 (0)495 62 53 29
komtuveu.com

Dieses intime Restaurant liegt unweit des Stadttors Gentpoort. Der talentierte Jungkoch Jelle Hinderyckx bereitet gesunde, moderne Gerichte aus frischen saisonalen Zutaten zu, eingekauft bei lokalen Produzenten. Er experimentiert mit Aromen und serviert die Gerichte in tiefen Schalen. Der Kamin sorgt für ein romantisches Ambiente.

25 **GOESEPITTE43**

Goezeputstraat 43
't Zand-Viertel ⑥
+32 (0)50 66 02 23
goesepitte43.be

Dieses ruhig gelegene Restaurant ist problemlos zu finden, denn der Name ist mit der Adresse fast identisch. Das gemütliche Innere ist nordisch-hell, es gibt eine Terrasse für laue Sommernächte. Chefkoch Jan Supply verwöhnt seine Gäste mit einem kreativen Kochstil, der frische Produkte perfekt in Szene setzt.

Die 5 besten Restaurants für
NORDSEEFISCH

26 **SEAFOOD BAR BELGE**
Eiermarkt 25
Altstadt ②
+32 (0)50 41 09 40
seafoodbarbelge.be

Dieses intime Bistro am Eiermarkt, nur wenige Schritte vom Marktplatz entfernt, ist einer der wenigen Orte in der Stadt, wo man sich auf Fisch und Schalentiere fokussiert. Hier können Sie ein kreatives Mittagsmenü genießen, eine Platte mit gegrillten Meeresfrüchten oder einen Topf Muscheln mit selbst gemachten Fritten. Auf der Bierkarte steht das selbst gebraute Belge Blonde.

27 **LOBSTER POT**
Sint-Salvators-kerkhof 14
Altstadt ②
+32 (0)50 66 03 59
lobster-pot.be

Dieses schicke, freundliche Restaurant neben der Kathedrale bietet frische Meeresfrüchte direkt aus der Nordsee. Auf der Speisekarte stehen Zeeländer Muscheln in Weißwein, Bouillabaisse mit heimischem Fang und Hummer *waterzooi*. Oder probieren Sie alternativ die Meeresfrüchteplatte.

30 DEN GOUDEN KARPEL FISHBAR

28 **BREYDEL DE CONINC**
Breidelstraat 24
Altstadt ②
+32 (0)50 33 97 46
restaurant-breydel.be

Seit Jahrzehnten strömen die Locals zu diesem Fischrestaurant im Herzen von Brügge, denn hier gibt es einen ordentlichen Topf Muscheln in Wein mit perfekt gemachten Pommes und leckerer Mayonnaise. Zu festlichen Anlässen wird auch mal Hummer bestellt. Oder vielleicht versucht man sich am Fang des Tages. Doch eins ist klar: Hier schmeckt es einfach immer!

29 **PIETER POURBUS**
Pieter Pourbus-straat 1
Altstadt ①
+32 (0)50 34 11 45
pieterpourbus.com

Ein schönes Restaurant in einem weiß getünchten Eckhaus aus dem Jahr 1561. Der gemütliche Speiseraum mit Kamin ist perfekt für eine winterliche Mahlzeit vor dem wärmenden Feuer. Auf der Speisekarte stehen zahlreiche Fischgerichte, darunter ein herzhafter flämischer Fischeintopf, genannt *waterzooi*.

30 **DEN GOUDEN KARPEL FISHBAR**
Huidenvettersplein 4
Altstadt ②
+32 (0)50 33 34 94
dengoudenkarpel.be

»Der Goldene Karpfen« befindet sich in einem Haus aus dem 17. Jahrhundert direkt am alten Fischmarkt. Der Name spielt auf den in Stein gehauenen Karpfen über der Tür an. Der ursprüngliche Verkaufsstand für Fisch hat sich zu einem Fischrestaurant mit Fachgeschäft und Imbiss gemausert. Hier erhalten Sie frischen Fisch aus Zeebrügge und Muscheln aus Zeeland.

5 tolle Orte für einen
BRUNCH

31 **KOTTEE KAFFEE**
Korte Zilverstraat 8
Altstadt ②
+32 (0)493 53 87 60
kotteekaffee.be

Ruhig gelegenes Café mit trendig hellem Holzfußboden, Designermöbeln und einem langen Lesetisch. Hier relaxen die Einheimischen bei einem Flat-White, dem speziellen Haustee oder einem gesunden Brunch aus sieben Sorten Brot, regionalen Eiern, zwei Sorten Schinken und selbst gemachter Konfitüre.

31 **KOTTEE KAFFEE**

32 **NOMAD**
't Zand 12
't Zand-Viertel ⑥
+32 (0)50 73 64 88
nomadbrugge.be

Margaux und Bram gaben 2015 ihr südafrikanisches Bed & Breakfast auf, um diese Hipster-Restaurantbar in 't Zand zu eröffnen. Die Küche bezieht einen Großteil der Zutaten von kleinen Höfen vor den Toren der Stadt, darunter vom Biohof des Besitzers. Das gesunde Frühstücksangebot umfasst Bio-Säfte und einen hausgemachten Müsli-Mix.

33 **SANSEVERIA**
Predikherenstraat 11
Altstadt ②
+32 (0)50 34 81 43
sanseveria.be

Dieses kleine Brunch-Café in einem ehemaligen Ladenlokal mit Fliesenboden und Holztheke ist typisch flämisch eingerichtet: altmodisches Geschirr, ein Grammofon und piksender Bogenhanf. Auf der Speisekarte finden sich Bagels, Apfelwaffeln und Scones.

34 **CARPE DIEM**
Wijngaardstraat 8
Begijnhof-Viertel ⑤
+32 (0)50 33 54 47
tearoom-carpediem.be

Die Bäckerei und Teestube befindet sich in drei Backsteinhäusern von 1624. Die Besitzer haben das typisch flämische Interieur mit den dunklen Holztäfelungen erhalten. Das reichhaltige Frühstück besteht aus Aufschnitt, frischen Croissants und Kaffee in einer großen Silberkanne.

35 **THAT'S TOAST**
Dweersstraat 4
't Zand-Viertel ⑥
+32 (0)50 68 82 27
thatstoast.com

In diesem relaxten Lokal im Scandi-Look kann man den ganzen Tag lang frühstücken. Aus der Küche kommen gesunde Gerichte wie Avocado-Toast mit Eggs Benedict und Spargel, oder Sie entscheiden sich für das reichhaltige Englische Frühstück. Kleiner Innenhof.

Die 5 besten
ASIATISCHEN RESTAURANTS

36 **HET VISIOEN**
Katelijnestraat 160
Süd-Brügge ⑤
+32 (0)50 73 40 06
hetvisioen.com

Dieses kleine Restaurant liegt in den Räumen eines ehemaligen Cafés mit altmodisch dunklem Holzinterieur und riesigen Fenstern, die das Lokal größer erscheinen lassen. Angeboten wird eine Mischung aus klassischen belgischen Spezialitäten und indonesischen Köstlichkeiten, zum Beispiel gegrilltes Tunfischsteak mit Zitronengras. Mit schattiger Holzterrasse unter Bäumen.

37 **TANUKI**
Oude Gentweg 1
Begijnhof-Viertel ⑤
+32 (0)50 34 75 12
tanuki.be

Bevor Ivan Verhelle dieses Restaurant eröffnete, studierte er in Japan Kulinarik. Der Chef steht selbst hinter dem Tresen und bereitet traditionelles Sushi und Sashimi sowie hauseigene Kreationen wie Nordseekrabben-Sushi zu. Japanische Touristen, die sich nach der heimatlichen Küche sehnen, gehen gern hier essen.

38 **SIVALAI THAI RESTAURANT**

Katelijnestraat 123
Süd-Brügge ⑤
+32 (0)472 32 96 51
sivalai.be

Supong und seine Frau Atchara haben 2008 dieses Thai-Restaurant in ruhiger Lage abseits der Massen eröffnet. Freundliche und romantische Inneneinrichtung mit Holzvertäfelung, gedämpftem Licht und Topfpflanzen. Der Chefkoch bereitet landestypische thailändische Gerichte wie frittierten Tintenfisch und vegetarische Speisen zu.

39 **CHANG THONG THAI**

Kleine Hoefijzerstraat 1
't Zand-Viertel ⑥
+32 (0)50 33 44 05
changthong-thai.be

Ein gemütliches Thai-Restaurant, stimmungsvoll eingerichtet mit Skulpturen, Pflanzen und Laternen. Die Küche bietet typische Thai-Gerichte, darunter auch Vegetarisches.

40 **ANNA'S ASIA**

Niklaas Desparsstraat 8
Altstadt ①
+32 (0)50 66 81 63
annasasiabrugge.be

Dieses 2018 eröffnete winzige Asia-Restaurant liegt in einer ruhigen Straße unweit vom Markt. Es ist modern mit runden Tischen und einem Tresen mit Hockern eingerichtet. Hierher kommt man für gesundes asiatisches Street-Food wie Fischfrikadellen nach Bangkok-Art, koreanische Mandus und Shanghai-Krautwickel.

Die 5 besten Adressen für MEDITERRANE KÜCHE

41 **VENTURA**
Koningin Elisabethlaan 48a
Nord-Brügge ③
+32 (0)50 69 39 74
venturaristorante.be

Dieses schnörkellose italienische Restaurant befindet sich im ehemaligen Wohnzimmer eines Brügger Hauses. Zur nüchtern-modernen Einrichtung gehört ein altes Ölgemälde über dem Kamin. Der Besitzer ist Sizilianer, für die Küche ist seine belgische Frau zuständig. Auf der Speisekarte stehen sizilianische Spezialitäten wie *pasta alle sarde* und nordeuropäische Köstlichkeiten wie saurer Hering in Joghurtsauce.

42 **SUD IN BRUGGE**
Mallebergplaats 5
Altstadt ①
+32 (0)50 34 45 62
sudinbrugge.com

Luigi Sicas kleines Lunch-Restaurant und Lebensmittelgeschäft wirkt auf den ersten Blick unspektakulär. Man läuft schnell daran vorbei, obwohl sich hier eines der besten italienischen Restaurants der Stadt verbirgt. Der Besitzer bekommt jeden Montag den Großteil seiner Zutaten direkt aus Apulien geliefert. Er weiß, wo man die frischesten *orecchiette* und das reinste Olivenöl erhält, ebenso wie die riesigen runden Brotlaibe, die *pani di Altamura*.

43 **SALE E PEPE**
Kleine Sint-Amandsstraat 1
Altstadt ②
+32 (0)474 40 20 87

Barbara und Bart besitzen im Herzen von Brügge eine sympathische, modern eingerichtete Trattoria. Hier zaubern sie aus besten Zutaten schlichte sizilianische Hausmannskost. Die Einheimischen schätzen die einfachen Pizzen, *pasta vongole* oder *torta di pesche*.

44 **TOUGOU**
Smedenstraat 47
West-Brügge ⑥
+32 (0)50 70 58 02
tougou.be

Jade und Thibault servieren innovative Gerichte in einem stilvollen Mittagscafé unweit des Smedenpoort. Die Innenausstattung mit Backsteinmauer, kleinen Tischen und dem Imbiss-Tresen ist hip und modern. Die Küche bereitet aus frischen Zutaten köstliche Tapas zu, zum Beispiel Sardinen aus der spanischen Hafenstadt Getaria. Abends geschlossen.

45 **THE OLIVE TREE**
Wollestraat 3
Altstadt ②
+32 (0)50 33 00 81
theolivetree-brugge.com

Ein freundliches griechisches Restaurant, nur wenige Schritte vom zentralen Markt entfernt. Der Besitzer bietet schnörkellose, landestypische Gerichte in einer entspannten Atmosphäre. Eine verlässliche Adresse für hellenische Spezialitäten wie gegrillten Schwertfisch oder Calamari mit Zitrone.

Die 5 besten Restaurants für
PREISWERTE MAHLZEITEN

46 **GRAN KAFFEE DE PASSAGE**
Dweersstraat 26
Altstadt ②
+32 (0)50 34 02 32
passagebruges.com

Spiegel, Topfpflanzen und Familienfotos: Dieses romantische Art-déco-Restaurant ist unverkennbar im Alt-Brügger Stil eingerichtet. Hier gibt es klassische Gerichte wie geschmortes Kaninchen mit Pflaumen, flämischen Schmortopf und Pommes mit hausgemachter Mayonnaise. Die günstigen Preise ziehen eine bunte Mischung aus Studenten, Einheimischen und Touristen an.

47 **LOKKEDIZE**
Korte Vulders-straat 33
't Zand-Viertel ⑥
+32 (0)496 69 26 62
bistrolokkedize.be

Traditionelles Café in einer Kopfsteinpflastergasse. Romantisches Interieur mit Ziegelwänden, Musikinstrumenten an den Wänden und einem knisternden Feuer im Winter. Die Küche serviert schlichte belgische und mediterrane Spezialitäten zu günstigen Preisen.

48 **JILLES**
Braambergstraat 10
Altstadt ②
+32 (0)50 70 55 55
jilles.be

Jilles D'hulster eröffnete seinen ersten Burger-Laden in Gent, 2005 brachte er sein Erfolgkonzept nach Brügge. Im nüchtern-skandinavisch gestylten Lokal werden die Burger mit den jeweils passenden belgischen Bieren kombiniert.

49 **DE MIDDENSTAND**
't Zand 20
't Zand-Viertel ⑥
+32 (0)50 34 17 50
demiddenstand.com

Freundliches flämisches Restaurant am 't Zand im Look einer traditionellen französischen Brasserie. Hier treffen sich vor allem Einheimische. Der Chefkoch verwöhnt seine Stammgäste mit einem günstigen Zwei-Gänge-Menü, das sich an der lokalen Küche orientiert. An Samstagen, wenn auf dem Platz Markttag ist, wird es hier schnell voll.

50 **HUIS DE CLUUSE**
Kraanplein 4
Altstadt ①
+32 (0)474 64 61 09
huisdecluuse.be

Der ehemalige Barkeeper vom 't Brugs Beertje hat 2017 diese zwanglose Snackbar in einem historischen Gebäude aus dem Jahr 1270 eröffnet. Das moderne Innere besticht durch Backsteinwände, Designerlampen und ausgefallene Stühle. Mittags kann man vom preisgünstigen Tapas-Menü auswählen, abends eines der 80 Biere verkosten.

48 JILLES

Die 5 besten Adressen für
ORIGINAL BELGISCHE POMMES

51 **FRITUUR DE VLAMINGDAM**
Vlamingdam 8
Sint-Gillis-Viertel ③
+32 (0)50 34 56 78

Der Imbiss von Gina und Georges Fonteyne ist ganz im Stil eines amerikanischen Diners gehalten, komplett mit roten Sitznischen, Neonschildern und Jukeboxen. Hier bekommt man authentische belgische Pommes, Burger und lokale Biere.

52 **CHEZ VINCENT**
Sint-Salvatorskerkhof 1
Altstadt ②
+32 (0)50 68 43 95
chezvincent.eu

Winzige Imbissbude neben der Kathedrale. Hier gibt es eine Papiertüte voll belgischer Pommes, einen Salat und eine Shrimpkrokette. Sie können unten auf einem der Barhocker sitzen oder oben nach einem freien Tisch suchen.

53 **THE POTATO BAR**
Sint-Amandsstraat 31
Altstadt ②
+32 (0)50 33 91 19
thepotatobar.be

2017 eröffneten zwei Profiköche diese Hipster-Frittenbude im Industrie-Chic mit einem Tresen aus Kartoffelkisten und einem langen Holztisch. Hier werden aus den besten Kartoffeln echt belgische Pommes zubereitet, begleitet von kreativen selbst gemachten Saucen. Verfeinern kann man das Ganze mit leckeren *garnaalkroketten*, belgischen Schweinswürsten und Brugse Zot.

54 **FRITUUR ROYAL**
Langestraat 181a
Sint-Anna-Viertel ④
+32 (0)50 68 41 84
frituur-royal.be

Diese alternative *frituur* serviert gesunde, für Vegetarier und Veganer in Palmöl frittierte Pommes sowie reguläre, separat zubereitete Fritten. Auf der Tafel stehen Gemüsefrikadellen und vegetarische Burger ebenso wie gesunde Säfte.

55 **CHARLIE'S CHIPS**
Hauwerstraat 17
't Zand-Viertel ⑥
+32 (0)498 57 40 54
charlies-chips-brugge.business.site

Ansprechendes neues Lokal, wo man Platz nehmen und eine Portion echt heiße Pommes genießen kann. Helle, moderne Einrichtung, die rosafarbenen Flamingos bringen Farbe ins Spiel. Auf der Karte findet man zudem Hamburger und hausgemachten flämischen Eintopf.

53 THE POTATO BAR

Die 5 besten Orte für ein LECKERES SANDWICH

56 **BABETTE**
Noordzandstraat 67
't Zand-Viertel ⑥
+32 (0)50 33 00 15
babettebrugge.be

Dieser winzige Sandwich-Laden versteckt sich zwischen den Modeboutiquen in der Noordzandstraat. Das nette Team stellt außergewöhnliche Sandwiches zusammen, darunter Krabbensalat, Hähnchen in Currysauce und die Genter Spezialität *broodje Martino*. Außerdem gibt es Kaffee zum Mitnehmen und frische Salate. Um lange Wartezeiten zu vermeiden, am besten kurz vor Mittag vorbeischauen.

57 **HAP**
Zilverpand 16
Altstadt ②
+32 (0)50 61 66 08

Das Mittagslokal liegt etwas verborgen im Einkaufszentrum Zilverpand und bietet eine große Auswahl an Sandwiches, die alle nach Freunden des Besitzers benannt sind. Die warmen Brötchen kommen frisch aus dem Ofen. Probieren Sie das *broodje Alexis* mit Serranoschinken, Tomaten, Rucola und Trüffelmayonnaise. Man kann die Sandwiches entweder am Tresen verzehren oder in den Park mitnehmen.

58 DE BELEGDE BOTERHAM

Kleine Sint-Amandsstraat 5
Altstadt ②
+32 (0)50 34 91 31
debelegdeboterham.be

Die Einheimischen quetschen sich gerne in dieses winzige Mittagslokal, das sich in einem historischen Haus mit Holzdielen, Fachwerk und einer alten amerikanischen Brotschneidemaschine befindet. Zwei Frauen stellen hinten in der Küche gesunde Sandwiches aus dünnen Scheiben Vollkornbrot und Räucherlachs, Hering oder regionalem Schinken zusammen. Es werden zudem knackige Salate angeboten.

59 BRAZI'S

Sint-Jakobstraat 2
Altstadt ①
+32 (0)50 49 09 54
brazis.be

An einem frostigen Tag im Jahr 2018 eröffnete das brasilianische Pärchen Adenis und Adriana unweit des Marktes diesen freundlichen Sandwich-Shop und hauchte damit den kalten nordischen Straßen südamerikanische Wärme ein. Die kleinen Baguettes kommen frisch aus dem Ofen. Bestellen Sie sich den schlichten Krabbensalat oder den exotischeren gesalzenen Kabeljau für ein Picknick am Kanal.

60 SINT-PAULUS

Vlamingstraat 25
Altstadt ①
+32 (0)50 34 85 70
stpaulus.be

Das junge Team in der Bäckerei Sint-Paulus kann seine Kunden in drei bis vier Sprachen bedienen. Die Baguettes werden jeden Morgen in den Vororten von Brügge gebacken und hier belegt. Auf der Karte finden sich 21 verschiedene Sandwich-Variationen, darunter Nordseesalat und das klassische *Martino* aus Gent.

5 *Restaurants mit* SCHATTIGEN GÄRTEN *und* TERRASSEN

61 **RÉLIVA**
Goezeputstraat 6
't Zand-Viertel ⑥
+32 (0)50 33 13 07
reliva.be

Das Réliva liegt versteckt in einer ruhigen Kopfsteinpflastergasse. Das Haus mit Hinterhof, der von efeubewachsenen Mauern eingefasst ist, stammt aus dem 16. Jahrhundert. Der einfallsreiche Chefkoch Lien Vandeputte serviert verschiedene Fleisch-, Fisch- und Gemüsegerichte, die auf der Speisekarte unter »Bauernhof«, »Meer« und »Garten« aufgeführt sind. Zu den Höhepunkten zählt eine Nordsee-Bouillabaisse mit frischen Kräutern direkt aus dem eigenen Garten.

62 **CAFEDRAAL**
Zilverstraat 38
Altstadt ②
+32 (0)50 34 08 45
cafedraal.be

Dieses elegante Restaurant befindet sich in einem Gebäude aus dem 15. Jahrhundert. Das moderne Innendesign von Lieven Musschoot aus dem Jahr 2011 steht dazu im starken Kontrast. Der große Garten hinter dem Haus ist überdacht, um die Gäste vor Regen zu schützen. Die Küche ist klassisch frankobelgisch mit einigen lokalen Anklängen wie Fisch aus der Nordsee und mit Bier zubereiteten Gerichten.

63 **PARKRESTAURANT**
Minderbroeders-straat 1
Astridpark-Viertel ②
+32 (0)497 80 18 72
parkrestaurant.be

Elegantes Restaurant in einem prächtigen Herrenhaus, das den Astridpark überblickt. Die Küche bereitet traditionelle belgische Spezialitäten zu und verwendet dabei Rindfleisch aus den Ardennen, frischen Lachs und Seezunge aus Ostende. Der Garten hinter dem Haus ist perfekt für einen lauen Sommerabend.

64 **PATRICK DEVOS**
Zilverstraat 41
Altstadt ②
+32 (0)50 33 55 66
patrickdevos.be

Das Restaurant von Patrick Devos in einem spätgotischen Gebäude ist im Stil von Art-nouveau und Art-déco eingerichtet. Wählen Sie zwischen dem holzgetäfelten Speisesaal, dem luftigen Wintergarten und dem beschaulichen Innenhof. Devos verwendet die besten lokalen Produkte und legt Wert auf eine erlesene Weinkarte mit Weinen aus überwiegend französischen Kellereien.

65 **ONE**
Arsenaalstraat 55
Begijnhof-Viertel ⑤
+32 (0)50 33 80 88
one-minnewater.be

Dieses in einem Häuschen am Minnewater gelegene gemütliche Restaurant hat im Speisesaal ein knisterndes Feuer für romantische Winterabende zu bieten. Im Sommer kann man im Garten hinter dem Haus sitzen. Céline heißt die Gäste willkommen, während Pieter traditionell flämische Gerichte wie *garnaalkroketten* und Eintopf mit Chimay-Bier kocht.

5 der besten Adressen für VEGETARISCHES und VEGANES ESSEN

66 **DE PLAATS**
Wapenmakersstraat 5
Altstadt ①
+32 (0)50 66 03 66
deplaats.be

2016 eröffnete der Grafiker Frow in einer ruhigen Seitenstraße dieses ansprechende Restaurant für Vegetarier. Die drei kleinen Räume sind mit alten Bodenfliesen, Schulstühlen und einer Fototapete mit einem Bauern und seiner Kuh ausgestattet. Auf der Speisekarte stehen um die 12 vegetarische und vegane Gerichte sowie belgische Craft-Biere.

67 **HASHTAG FOOD**
Scheepsdalelaan 37
Vororte ⑦
+32 (0)50 70 76 70
hashtagfood.be

Das freundliche Lokal von Dave und Emmanuel ist bei einheimischen Veganern äußerst beliebt. Es lag ursprünglich im Zentrum, zog aber 2017 in ein Art-déco-Haus am Rande der Altstadt um. Es ist stilvoll-nordisch mit witzigen Details eingerichtet. Draußen am Automaten kann man sich einen Last-Minute-Snack ziehen.

66 DE PLAATS

68 DE BÜHNE

Sint-Salvators-koorstraat 6
Altstadt ②
+32 (0)50 34 66 49
debuhne.be

Dieses kleine Lokal unweit der Kathedrale verfügt nur über eine Handvoll Tische. Sie verteilen sich in einem gemütlichen Wohnraum, wo das Essen auf Vintage-Tellern an den Tisch gebracht wird. Der Chefkoch serviert fantastische fleischfreie Gerichte wie ein Gemüse-*waterzooi*, aber auch Fleisch- und Fischgerichte sowie regionale Craft-Biere.

69 DE BRON

Katelijnestraat 82
Begijnhof-Viertel ⑤
+32 (0)50 33 45 26
eethuisdebron.be

Anuschka und Philippe eröffneten vor über 25 Jahren das erste vegetarische Restaurant in Brügge. Heute ist es schlicht-skandinavisch mit schwarzen Möbeln, weißen Wänden und einem Glasdach eingerichtet. Die Einheimischen besuchen es wegen der leckeren saisonalen Angebote, der Gemüsegerichte und der gesunden Getreideoptionen. Reservierung empfohlen.

70 THE RABBIT HOLE

STEERSHOP BRUGGE
Koolkerkse Steenweg 7a
Vororte ⑦
+32 (0)492 53 83 54

Dieser vegane Geheimtipp versteckt sich in einem Fahrradladen direkt hinter dem Dampoort. Die Locals radeln gerne für eine hausgemachte Suppe oder einen veganen *stoverij* (Eintopf) hierher. Ein relaxter Ort auch für eine Tasse Kaffee und eine warme Zimtschnecke. An Sommertagen lockt die sonnige Terrasse. Checken Sie vorher immer die Facebook-Seite, da die Besitzer gern mal mit dem Fahrrad auf einem Abenteuertrip unterwegs sind.

Die 5 besten
FEINKOSTLÄDEN

71 **DE OLIJFBOOM**
Smedenstraat 58
't Zand-Viertel ⑥
+32 (0)50 34 16 39
deolijfboom.be

Jan Demonies winziger Feinkostladen führt 80 unterschiedliche Sorten Olivenöl sowie über 250 seltene Kräuter und Gewürze. Es gibt Chilis aus 35 Regionen und handgerollten M'hamsa-Couscous aus Tunesien. Einheimische Köche kaufen hier Zutaten, die sonst nirgendwo in Belgien erhältlich sind, wie frische japanische *yuzu* und Sojasauce, die über Kirschholz geräuchert wurde.

74 DE KAASBOLLE

72 **DE WESTHOEK**
Noordzandstraat 39
Altstadt ②
+32 (0)50 33 60 32

Dieser winzige Feinkostladen liegt in einer beliebten Einkaufsstraße nahe der Kathedrale. Der Eigentümer Benny Sonneville hat viele Jahre in den besten Restaurants der Stadt gearbeitet. Die Locals drängen sich im engen Geschäft, um Spezialitäten wie iberischen Pata Negra, lokale *bloedworst* (Blutwurst) und leckeres Rosinenbrot zu erstehen.

73 **DIKSMUIDS BOTERHUIS**
Geldmuntstraat 23
Altstadt ②
+32 (0)50 33 32 43
diksmuidsboterhuis.be

Seit 1933 decken sich die Brügger in diesem winzigen Feinkostladen mit erlesenen Käse- und Wurstspezialitäten ein. Zum Angebot zählen Käse aus Westflandern, lokale Salami, Steinofenbrot und spanische Tapas.

74 **DE KAASBOLLE**
Smedenstraat 11
't Zand-Viertel ⑥
+32 (0)50 33 71 54
dekaasbolle.be

Dieses familiengeführte, freundliche Geschäft verkauft seit 1981 erstklassigen Käse. Die Kunden erstehen hier exklusiven französischen Käse, seltene Varietäten aus Westflandern und Käseplatten für Dinnerpartys.

75 **SCHAEVERBEKE**
Schaarstraat 2
Altstadt ②
+32 (0)50 33 31 82
schaeverbeke.be

Die Locals radeln gern quer durch die Stadt zu dieser winzigen Bäckerei für ein authentisches *boerenbrood* aus einem speziellen Mehl oder ein köstliches *rozijnenbrood*. Jeden Morgen gibt es frische Croissants, und die Regale werden mit leckeren lokalen Spezialitäten wie *carré confiture* (Aprikosentorte) bestückt.

Die 5 besten Adressen für

EIS *und* WAFFELN

76 **DE IJSBEER**
Noordzandstraat 73
't Zand-Viertel ⑥
+32 (0)50 33 35 34
deijsbeer.be

Diese 1922 gegründete italienische Eisdiele gehört Sabine und Gino. Im hellen und freundlichen Verkaufsraum werden bis zu 24 traditionelle Eissorten angeboten. Hinzu kommt der perfekte Espresso. Das Eis genießt man an kleinen Tischen, während im Hintergrund Oldies spielen.

76 DE IJSBEER

77 GELATERIA DA VINCI

Geldmuntstraat 34
Altstadt ②
+32 (0)50 33 36 50
davinci-brugge.be

1995 eröffnete Sylvia im Herzen von Brügge eine typisch italienische Gelateria, wo sie über 40 Sorten anbietet. Das Team ist immer superfreundlich, selbst an hektischen Sommertagen. Im Winter schließt Sylvia die Gelateria, um an neuen Geschmackssorten zu tüfteln.

78 OYYA

Noordzandstraat 1
Altstadt ②
+32 (0)50 33 32 13
oyya.be

Bevor Mathieu Eyckmans diese schicke Eisdiele eröffnete, studierte er an der Gelato-Universität in Italien. Er kreiert jeden Tag 28 verschiedene Eissorten, darunter auch einige ziemlich verrückte Geschmacksnoten. Erhältlich sind auch Frozen Yoghurt und Brüsseler Waffeln.

79 FRED'S

Eiermarkt 20
Altstadt ②
fbwic.com

1989 begann Frederik van Isacker in Knokke Eiscreme zu verkaufen. Das »Australian Home Made Ice Cream« hat heute Filialen in ganz Europa. Sein Sohn hat vor Kurzem das Fred's in Brügge eröffnet, wo die Kunden aus 36 Eissorten wählen können, alle mit frischer Milch und frischen Eiern hergestellt.

80 HOUSE OF WAFFLES

Wollestraat 31
Altstadt ②
+32 (0)476 27 99 11
thehouseofwaffles.com

Der Besitzer des Foltermuseums eröffnete 2018 im Nachbargebäude ein Waffel-Restaurant! Hier können Sie zwischen den weichen rechteckigen Brüsseler Waffeln oder der süß-klebrigen Version aus Lüttich entscheiden. Alles wird frisch gebacken, und wer mag, kann das Ganze mit Erdbeeren, Banane, Käse oder anderen Extras kombinieren.

Die 5 besten
MÄRKTE

81 **MARKT**
Markt
Altstadt ②

Am Mittwochmorgen strömen die Einheimischen in die Stadt, um über den geschäftigen Marktplatz zu streifen. An den Verkaufsständen gibt es Blumen aus Westflandern, regionalen Käse, Kartoffeln von den Poldern und Fleisch direkt vom Erzeuger. Es ist Tradition, sich geduldig in eine Schlange vor einer der Hähnchenbratereien einzureihen. Von 8.00 bis 13.30 Uhr.

82 **VISMARKT**
Vismarkt
Altstadt ②

Der klassizistische überdachte Fischmarkt wurde 1821 eingeweiht, bis heute legen die Fischverkäufer ihren Fang des Tages auf den kalten Steinbänken aus. Hier bekommen Sie Nordseekrabben von der belgischen Küste und superfrische Seezunge, die noch am selben Morgen in den Hafen von Zeebrugge eingeholt wurde. Dienstag bis Samstag, von 8.00 bis 13.30 Uhr.

83 DIJVER

PARKHOTEL
84 'T ZAND

83 DIJVER

Dijver
Altstadt ②

Geschäftiger Antiquitätenmarkt, der an Sommerwochenenden am Dijver-Ufer stattfindet. Er zieht Händler aus der Umgebung an, die ihren Krimskrams auf wackligen Holztischen ausbreiten. Vielleicht entdecken Sie jemanden, der alte Uhren verkauft, oder einen Stand mit Heiligenfiguren. Kein Markt für Lebensmittel, hier kann man stattdessen ein altes belgisches Waffeleisen oder ein flämisches Kochbuch ergattern.

84 'T ZAND

't Zand
't Zand-Viertel ⑥

Die Einheimischen fahren samstags gern zum 't Zand, um ihre Taschen mit frisch gebackenem Brot, belgischem Käse und Fisch aus Zeebrugge zu füllen. Oft werden sie dabei von kleinen Kindern begleitet, die von den kostenlosen Häppchen probieren dürfen und am Ende des Vormittags mit einer warmen *boterwafel* belohnt werden. An Samstagen von 8.00 bis 13.30 Uhr.

85 ZANDFEESTEN

't Zand
't Zand-Viertel ⑥
+32 (0)50 44 46 46
visitbruges.be

An drei Tagen im Sommer erstreckt sich über 't Zand und den benachbarten Park ein riesiger Flohmarkt. Die Verkäufer bauen ihre Stände vor Sonnenaufgang entlang einer 5 km langen Route auf. Hier kann man alte Möbel, Souvenirs der Expo '58, Vogelkäfige und staubige Bücher erstehen. Imbissstände gibt es keine, dafür gebrauchte Kochutensilien, Geschirr und Spekulatiusformen aus Holz.

5 SPEZIALITÄTEN, die Sie vor der Abreise probieren sollten

86 **GORGONZOLA-EIS**
OYYA
Noordzandstraat 1
Altstadt ②
+32 (0)50 33 32 13
oyya.be

Mathieu Eyckmans hat für sein Gorgonzola-Eis mit Feigen und karamellisierten Serranoschinkenkrümeln tatsächlich einen Preis gewonnen! 2018 wurde es zur besten Eissorte Belgiens gewählt. Wer sich traut, kann diese außergewöhnliche Sorte in Eyckmans Eisdiele oyya probieren.

87 **MATJES-HERING**
VISMARKT
Altstadt ②

Wenn Sie in Brügge sind, müssen Sie unbedingt rohen Matjes-Hering probieren! Diese Spezialität hat die Menschen in der gesamten Nordseeregion viele Jahrhunderte lang ernährt. Die Saison beginnt traditionell Mitte Juni, wenn der erste Fang eingeholt wird. Der eingelegte Fisch wird am Fischmarkt auf einem Pappteller mit rohen Zwiebelringen und Gewürzgurken verkauft.

88 **BRUGSE ACHTEN**
KAASHUYS DEN HOF
Jozef Suvéestraat 6
Astridpark-Viertel ②
+32 (0)50 34 57 77
kaashuysdenhof.be

Brugse Achten gibt es nicht überall. Die süßen, wie eine Brezel geformten Plätzchen werden nach einem Rezept des Hofkochs der Maria von Burgund aus dem 15. Jahrhundert von Hand gebacken. Die Frauen in der Bäckerei Oud Huis Deman stellen begrenzte Mengen nach Originalrezept her, die in einigen lokalen Bäckereien und Feinkostläden verkauft werden.

89 **BRUGGE OUD**
KAASHUYS DEN HOF
Jozef Suvéestraat 6
Astridpark-Viertel ②
+32 (0)50 34 57 77
kaashuysdenhof.be

Es gibt mehr als 12 Käsesorten, die das Wort »Brügge« im Namen tragen, darunter eine Sorte namens Brugge Dentelle, die an Brügger Spitzen erinnert. Doch die meisten Brügger Käsesorten werden im 50 km entfernten Moorslede produziert. Die einzige Ausnahme ist der Brugge Oud, ein kräftiger Hartkäse, der 12 Monate lang in den Kellern einer Abtei im Herzen der Stadt reift. Er passt gut zu einem starken belgischen Bier wie Brugse Tripel oder Straffe Hendrik.

90 **MAISON LA CONFIANCE**
Wollestraat 31a
Altstadt ②
+32 (0)50 34 84 40
maisonlaconfiance.be

Mehrere Geschäfte in Brügge verkaufen traditionelle *speculoos* aus Butter, Zucker und Gewürzen. Die Maison La Confiance orientiert sich bei ihrer Version an einem Familienrezept von 1924. Eine Auswahl dieser frisch gebackenen Plätzchen kann man in einem kleinen Laden am Belfried erwerben.

BAR'N
Hoegaarden
Rosée
Leffe
STELLA ARTOIS
BOBBY'S SCHIEDAM DRY GIN
A FRESH TAKE ON A TIMELESS CLASSIC
Maker's Mark

70 ORTE FÜR EINEN DRINK

Die 5 CHARMANTESTEN CAFÉS

91 **CAFÉ VLISSINGHE**
Blekersstraat 2
Sint-Anna-Viertel ④
+32 (0)50 34 37 37
cafevlissinghe.be

Das Café Vlissinghe ist das älteste seiner Art in Brügge und besteht seit mehr als fünf Jahrhunderten. Ein wunderschönes, geschichtsträchtiges Lokal mit alten Ölgemälden, einem Tresen aus dem 16. Jahrhundert und einem ramponierten Stuhl, der vermutlich einst dem Maler Anthonis van Dyck gehörte. Die flämische Atmosphäre kommt besonders im Winter gut zur Geltung, wenn sich die Gäste mit ihren Trappist-Bieren um den Eisenofen drängen.

92 **ADRIAAN**
Adriaan Willaert-straat 7
Altstadt ①
+32 (0)499 83 87 00
coffeebaradriaan.be

Diese wunderschöne Café-Bar, benannt nach dem flämischen Komponisten Adriaan Willaert, eröffnete 2017 in einem ehemaligen Bankgebäude aus dem 19. Jahrhundert, das gegenüber vom Stadttheater liegt. Das klassizistische Interieur ist mit hellgrünen Wänden, alten Holztischen und einem Kabinett voller Gegenstände, die mit der Kaffeezubereitung zu tun haben, eingerichtet.

95 LE PAIN QUOTIDIEN

93 **GRAND CAFÉ DE REPUBLIEK**

Sint-Jakobsstraat 36
Altstadt ①
+32 (0)50 73 47 64
republiekbrugge.be

Das Grand Café De Republiek gehört zu einem Independent-Kino und ist die perfekte Wahl, wenn man sich ein wenig unters kreative Volk mischen möchte. Relaxt-luftige Inneneinrichtung aus Holzmöbeln zwischen unverputzten Backsteinwänden, Industrielampen und wuchernden Pflanzen in Terrarien. Hier kann man seinen Buggy abstellen, ein gesundes Mittagsessen und ein Bier aus Westflandern genießen.

94 **KAFFEE KAMEL**

Zilverpand 7
Altstadt ②
+32 (0)50 68 66 60
kaffeekamiel.be

Dieses coole, moderne Café überblickt den Innenhof des Einkaufszentrums Zilverpand. Den ganzen Tag über kann man hier ein gesundes Müsli-Frühstück oder eine Poké-Schale zum Mittagessen bestellen. Oder Sie genießen einfach bei einem Barista-Kaffee das schöne Innendesign mit dem Kachelboden und der schwarzen Betondecke.

95 **LE PAIN QUOTIDIEN**

Simon Stevinplein 15
Altstadt ②
+32 (0)50 34 29 21
lepainquotidien.be

Das Le Pain Quotidien ist eine Bäckerei mit Café, die in zwei Häusern aus dem 19. Jahrhundert untergebracht sind und sich einen Eingang teilen. Ein langer Korridor führt zu einer verwinkelten Reihe von dunklen Räumen, die mit Holzfußböden, geschnitzten Kaminen und Bücherregalen eingerichtet sind. Ganz hinten versteckt sich ein sonniger Wintergarten und ein von alten Backsteinhäusern umfasster Garten.

5

AUTHENTISCHE FLÄMISCHE KNEIPEN

96 **HOLLANDSE VISMIJN**
Vismarkt 4
Altstadt ②
+32 (0)50 33 33 01

Der »Holländische Fischmarkt« ist eine typische Brügger Kneipe direkt am alten Vismarkt. Hier treffen sich die Einheimischen auf ein Glas Brugse Zot, während im oberen Stock junge Sozialisten debattieren. An Sommerabenden am Wochenende haben Sie gute Chancen auf eine Open-Air-Bar mit Livemusik und Tanz auf den Straßen.

97 **CRAENENBURG**
Markt 16
Altstadt ②
+32 (0)50 33 34 02
craenenburg.be

Nachdem die Familie Boedt das Café am Markt über vier Generationen geführt hatte, wurde es 2021 verkauft. Der neue Besitzer hat die originale Inneneinrichtung beibehalten, damit die Locals weiterhin gern hier ihre Zeitung lesen oder ein belgisches Bier trinken. Die schweren Holztische, bunten Glasfenster und glänzenden Messingleuchter muten historisch an, doch das altflämische Haus wurde 1956 komplett neu gebaut.

98 **DE REISDUIF**
Langerei 30
Sint-Gillis-Viertel ③
+32 (0)472 63 51 17

Freundliches Café mit Wohnzimmer-Atmosphäre. Das kuschelige Innere ist mit Fliesenboden, Spitzengardinen und bunt durcheinandergewürfelten Gemälden eingerichtet. Gut möglich, dass Sie sich plötzlich neben einem Politiker im Ruhestand, einem Thriller-Autor oder einem Koch, der den Feierabend genießen will, wiederfinden.

99 **'T HOF VAN BEROEP**
Langestraat 125
Sint-Anna-Viertel ④
+32 (0)50 34 83 20
thofvanberoep.com

Das »Berufungsgericht« ist eine nette Nachbarschaftskneipe, die nach den benachbarten Gerichtshöfen benannt wurde. Gelegentlich trifft man hier auch auf Rechtsanwälte, doch meist kommt eher ein junges Publikum zusammen, um sich auf den Großbildschirmen Fußball anzusehen, riesige Portionen Spaghetti bolognese zu verdrücken und ein ordentliches Glas Bier zu trinken.

100 DE KALVARIEBERG

Sint-Clarastraat 163
Sint-Gillis-Viertel ③
+32 (0)50 33 67 28
dekalvarieberg.eu

Schnörkellose flämische Kneipe am Stadtrand, wo man sich mit einem Glas Bier unter die Einheimischen mischen und eine Portion Nudeln essen kann. Heimelig altmodisch mit Billardtisch im Hinterzimmer und einem Fernseher, auf dem die Partien des Club Brugge gezeigt werden.

97 CRAENENBURG

5

VERSTECKTE BARS

101 **'T POATERSGAT**
Vlamingstraat 82
Altstadt ①
+32 (0)495 22 86 50

Es ist gar nicht so einfach, den Eingang zu dieser Kellerbar zu finden. Tagsüber sind nur die Holzläden und das Schild mit der Bezeichnung 't Poatersgat (Priesterloch) zu sehen. Abends führen alte Steinstufen in einen geräumigen Gewölbekeller, der einst zu einer Kirche gehörte. Mit Kerzenschein, guter Musik und einer langen Bierkarte lockt der Laden vor allem junge Besucher an.

102 **COMPTOIR DES ARTS**
Vlamingstraat 53
Altstadt ①
+32 (0)494 38 79 61
comptoirdesarts.be

Vorsicht, stoßen Sie sich nicht den Kopf an, wenn Sie zu dieser versteckten Musik-Bar hinuntersteigen! Charmante Inneneinrichtung mit Holztischen und Kerzenständern aus leeren Flaschen. Der Besitzer veranstaltet Jazz- und Blues-Konzerte, die an mehreren Abenden die Woche ein freundliches Publikum in diese intime Kellerbar locken.

103 LE TRAPPISTE BRUGGE

Kuipersstraat 33
Altstadt ①
+32 (0)475 45 50 66
letrappistebrugge.com

Über eine steile Steintreppe geht es in eine uralte Kellerbar mit einem Gewölbe aus dem 13. Jahrhundert. Bierfans aus aller Welt strömen hierher. Man sitzt bei Kerzenschein mit einem starken Gebräu in der Hand und einem Wurstbrett auf dem Tisch. Auf der Karte findet sich eine große Auswahl von seltenen Trappist-Bieren und einem lokal gebrauten IPA.

104 ON THE ROCKS

Grauwwerkers-straat 5
Altstadt ①
+32 (0)50 33 20 37

In diese winzige Bar in einer schmalen, mittelalterlichen Gasse, die bis tief in die Nacht geöffnet hat, quetschen sich gern Einheimische und Studenten. Das dunkle höhlenartige Innere glänzt mit Spiegeln, alten Schallplattenhüllen und orangefarbenen Wänden, die sich seit den Siebzigern kaum verändert haben. Ein kleiner Tanzraum voller verstaubter Diskokugeln trägt zur Retro-Atmosphäre bei. (Ab 20 Uhr)

105 DE GARRE

De Garre 1
(off Breidelstraat)
Altstadt ②
+32 (0)50 34 10 29
degarre.be

Die Kneipe liegt zwar mitten im Zentrum von Brügge, versteckt sich aber in einer winzigen gepflasterten Gasse zwischen zwei Schokoladengeschäften, weshalb sie leicht übersehen werden kann. Untergebracht ist sie in einem Haus aus dem 16. Jahrhundert mit unverputzten Backsteinwänden und Holzgebälk. Die einladende Bar mit typisch Brügger Atmosphäre hat 130 verschiedene Biere im Angebot.

Die 5
ROMANTISCHSTEN BARS

106 **CAFÉ ROSE RED**
Cordoeaniers-straat 16
Altstadt ①
+32 (0)50 33 90 51
cordoeanier.be

»Wir haben geöffnet, wenn wir nicht geschlossen haben«, so ein Schild draußen. Die Einrichtung besteht aus alten Brauerei-Werbeschildern und roten Rosen, die von der Decke hängen. Hier lagern um die 180 Biersorten, darunter Sint Bernardus Abt 12 und Saison Dupont. Der Garten hinten ist toll im Sommer, wenn man die Abendstunden mit einem Gläschen Bier einläuten will.

107 **L'ESTAMINET**
Park 5
Astridpark-Viertel ②
+32 (0)50 33 09 16
estaminet-brugge.be

In diesem gemütlichen Café aus dem Jahr 1900 hängt der Hopfen von den Holzbalken, und im Hintergrund spielt leise Jazzmusik. Es befindet sich in einem ruhigen Viertel von Brügge gegenüber von einem kleinen Park und ist vor allem bei Einheimischen und Studenten beliebt. Die Bierkarte hält ein paar Überraschungen bereit, und die Küche gibt schlichte Häppchen aus.

108 **VOLKSCAFÉ SINT-JAKOBS**
Sint-Jakobsstraat 60
Altstadt ①
+32 (0)494 46 61 46

Nachdem er viele Jahre bei 't Brugs Beertje gearbeitet hatte, entschied sich Tom Matthys 2015, ein traditionell flämisches *volkscafé* zu eröffnen. Es ist eingerichtet mit einem Eisenofen, historischen Plattenhüllen und verblassten Familienfotos. Einheimische wie Touristen lieben den unverfälschten Look, die Sechzigerjahre-Oldies und die warme Atmosphäre. Auf der Bierkarte findet sich ein römisches Bier von der ältesten Brauerei des Landes.

109 **IN DE ZWARTE KAT**
VOLKSMUSEUM
Balstraat 43
Sint-Anna-Viertel ④
+32 (0)50 44 87 43
museabrugge.be

Das zum Volksmuseum gehörende Café In De Zwarte Kat (In der schwarzen Katze) spielt mit seinem Namen auf eine hiesige Literaturgesellschaft an. Hier können Sie ein Craft-Bier in urtümlicher Atmosphäre genießen, eine schwarze Katze streicheln und das flämische Kneipenspiel *sjoelbak* im Garten spielen.

110 **TERRASTJE**
Genthof 45
Altstadt ①
+32 (0)50 33 09 19

Ian und Patricia sind die Besitzer dieses winzigen Café direkt am Wasser, das nur sechs Tische drinnen und weitere fünf draußen bietet. Obwohl sie ursprünglich aus Großbritannien kommen, haben die beiden aus dunklem Holzmobiliar, Kerzen und traditioneller Jazzmusik die perfekte flämische Kneipe geschaffen. Die draußen angeschlagenen Öffnungszeiten sind ein wenig bizarr.

Die 5

SONNIGSTEN CAFÉS

111 **DE WINDMOLEN**
Carmersstraat 135
Sint-Anna-Viertel ④
+32 (0)50 33 97 39

Das gemütliche De Windmolen liegt nahe der Windmühle und ist typisch flämisch eingerichtet. Hier gibt es eine kleine Terrasse mit Lavendel in Zinkeimern und einem alten Rebstock, der wie durch ein Wunder jeden Herbst ein paar Trauben hervorbringt.

112 HOF DE PLEZANCE

112 HOF DE PLEZANCE

Sint-Jakobsstraat 36
Altstadt ①
+32 (0)50 34 02 29
republiekbrugge.be

Der hinter De Republiek versteckte Innenhof verwandelt sich jedes Jahr in eine legere Sommerbar. Eingefasst von Backsteinhäusern und einem Rundturm aus dem 15. Jahrhundert ist das einer der lauschigsten Plätze der Stadt. Perfekt für ein Brugs Tarwebier, einen Cocktail oder ein Glas Vinho Verde.

113 PUNTA EST

Predikherenrei 1
Sint-Anna-Viertel ④
+32 (0)50 34 94 10
puntaestbrugge.be

Ideal im Frühjahr und Sommer, wenn man auf der Terrasse ein paar Sonnenstrahlen einfangen möchte. Der Blick auf den Groenerei-Kanal ist bei Sonnenuntergang ganz besonders romantisch. Die Küche serviert hausgemachte Lasagne, an der Bar sind einheimische Biere und Cocktails erhältlich.

114 MARIE'S HOUSE

Korte Vulders-straat 5
Altstadt ②
+32 (0)496 74 22 39

Einladendes Café in einem alten Stadthaus direkt gegenüber der Kathedrale. Genießen Sie eine Tasse Kaffee und ein Stück Kuchen im eleganten flämischen Vorderraum oder suchen Sie sich ein Plätzchen im Garten hinterm Haus.

115 URB EGG

Wechselnde Locations
visitbruges.be

Jedes Jahr im Sommer eröffnet URB EGG an einem verlassenen Ort in Brügge, einem verwilderten Garten oder versteckten Innenhof, ein temporäres Café. In diesen neu geschaffenen, inspirierenden Orten, kann man ein Glas Brügger Bier in der Sonne genießen.

Die 5 besten Bars für JAZZ, BLUES *und* INDIE-BANDS

116 **27BFLAT**
Sint-Jakobsstraat 15
Altstadt ①
+32 (0)479 29 74 29
27bflat.be

Diese entspannte Jazz-Bar hat ihren alten Namen behalten, als sie in ein Stadthaus unweit des Marktplatzes zog. Lokale Musiker spielen in einem intimen Raum voller Bücherregale Jazz und Blues. Die Küche (bis Mitternacht geöffnet) serviert belgische Spezialitäten wie *garnaalkroketten* (Garnelenkroketten) und *vispannetje* (Fischeintopf). Und der schattige Garten hinterm Haus ist immer noch ein Geheimtipp.

117 **JOEY'S CAFE**
Zilversteeg 4
Altstadt ②
+32 (0)484 63 05 83

Mit diesem Café hat Stevie einen coolen Musik-Club geschaffen. Er selbst spielt in der Band Cajun Moon und kennt sich daher in der lokalen Musikszene sehr gut aus. Oft schauen Indie-Bands für ein Blues-Konzert vorbei oder um sich an den Open-Mike-Sessions am Sonntagnachmittag zu beteiligen. Aus der Küche kommen großzügige Portionen Spaghetti, und an der Bar sind interessante Biere erhältlich.

118 'T RISICO

Jeruzalemstraat 53
Sint-Anna-Viertel ④
+32 (0)50 49 11 69
trisico.be

Das traditionelle Café in einem ruhigen Viertel an der Jeruzalemkerk ist typisch flämisch mit gefliestem Boden, Holzmöbeln und Antiquitäten eingerichtet. Es gibt schlichte Snacks und belgische Biere zu kaufen. Gelegentlich finden kleinere Konzerte mit französischen Chansons statt, oder es spielt eine heimische Blues-Band. An warmen Sommerabenden kann man draußen im Garten unter Lichterketten sitzen.

119 DE KELK

Langestraat 69
Sint-Anna-Viertel ④
+32 (0)487 85 38 22
dekelk.be

Diese relaxte Musik-Bar ist eine der verstecktesten Adressen in Brügge, die meisten Touristen werden sie niemals finden. Die Bar liegt in der trendigen Langestraat und existiert seit 1909. Als sie von dem jungen Pärchen Vincent de Jaegher und Lisa Demeyere 2017 übernommen wurde, tapezierten sie die Wände mit Vintage-Tapeten und verwandelten das Hinterzimmer in einen intimen Veranstaltungsraum.

120 IN'T VRIJE

Zuidervaartje 3
Vororte ⑦
+32 (0)485 62 51 72
www.ktktvrije.be

Diese Sportbar liegt vor den Toren des Dampoort neben einem Fußballplatz und ist vor allem bei jungen Gästen beliebt. Ein entspannter, nicht überlaufener Ort, wo man sich ein belgisches Bier genehmigen, eine Paella bestellen und das ein oder andere Konzert einer einheimischen Band hören kann.

Die 5 coolsten

COCKTAILBARS

121 **BRUGSE GIN CLUB**
Jozef Suvéestraat 19
Astridpark-Viertel ②
+32 (0)472 62 82 43
brugseginclub.be

Edward Vanhouettes intime Gin-Bar liegt versteckt in einer ruhigen Seitenstraße und fasst nicht mehr als 20 Gäste, weshalb man an betriebsamen Abenden auch mal abgewiesen werden kann. Vanhoutte hat eine ansehnliche Sammlung von 400 Ginsorten zusammengetragen, darunter einige Raritäten.

122 **GROOT VLAENDEREN**
Vlamingstraat 94
Altstadt ①
+32 (0)50 68 43 56
grootvlaenderen.be

Eine seriöse Cocktailbar in einem imposanten Barockhaus mit dunklem Holzinterieur. Die aufmerksamen Barkeeper kennen sich aus und wissen, wie man einen Long Island Ice Tea oder eine Bloody Mary mixt. Auch erhältlich sind interessante einheimische Biere.

123 **BAR RAN**
Kuipersstraat 4
Altstadt ①
barranbrugge.com

Ran Van Ongevalle und seine Frau Janah Van Cleven mixen in ihrer winzigen Cocktailbar Klassiker und kreieren einzigartige Cocktails mit vergessenen Vintage-Spirituosen aus dem Familienarchiv. Auch aus der Londoner Artesian Bar hat Ran frische Ideen mitgebracht.

125 **BAR'N**

124 **LA CASITA**

Sint-Salvators-kerkhof 5
Altstadt ②
+32 (0)494 23 99 11

In dieser winzigen Kneipe hinter der Kathedrale kann man draußen an ein paar Tischen neben den uralten Mauern von Sint-Salvators sitzen. Die freundliche neue Besitzerin, Nina Corty, hält interessante Biere bereit, darunter Sint-Bernadus vom Fass. Hier erhält man zudem klassische Cocktails und Tapas.

125 **BAR'N**

Sint-Amandsstraat 2
Altstadt ②
+32 (0)472 89 73 41
barn-brugge.be

2015 eröffnete Gaëlle Boedt ihre kleine Cocktailbar hinter dem Café Craenenburg, eine alte Brügger Kneipe, die mehrere Jahrzehnte im Besitz ihrer Familie war. Die beiden Bars könnten kaum unterschiedlicher sein. Die Cocktailbar ist dämmrig-romantisch gehalten und wurde von Frederiek van Pamel mit marokkanischen Fliesen, Kerzen und einem Kuhschädel eingerichtet. Die Einheimischen kommen gern hierher, um bei einem Gin-Cocktail mit frischen Kräutern und Gewürzen die freundliche Atmosphäre zu genießen.

5 gemütliche
CAFÉ-BARS

126 **CAFUNÉ**
Academiestraat 8
Altstadt ①
+32 (0)484 97 65 61
cafune.be

Dieser kleine Café-Shop hat einen coolen skandinavischen Look nach Brügge gebracht: unverputzte Backsteinwände, altes Holzgebälk und Indie-Musik. Ein freundliches, entspanntes Lokal, wo der Barista den Kaffee aus Bohnen von verschiedenen unabhängigen Röstereien an einer La Marzocco zubereitet.

127 **LI O LAIT**
Dweersstraat 30
't Zand-Viertel ⑥
+32 (0)50 70 85 70
liolait.be

Li Vandamme und Lieven Verstraete haben diese relaxte Café-Bar in dem alten Brügger Haus eröffnet, in dem einst der belgische Künstler Roger Gobron lebte. Die Café-Bar hat im unteren Stockwerk drei Räume, wo man die Spuren der früheren Bewohner inklusive der Tapete bewundern kann. Außerdem gibt es noch einen kleinen sonnenbeschienenen Hinterhof mit zwei Bänken.

126 **CAFUNÉ**

128 I LOVE COFFEE

Sint-Jakobsstraat 10
Altstadt ①
+32 (0)498 51 63 40
ilovecoffeebrugge.com

Koenraad Desmet röstet die Bohnen eigenhändig, um seine einzigartigen Kaffeespezialitäten herzustellen. In dem dunklen Raum mit Bodenfliesen und rauen Backsteinwänden tragen Säcke mit Kaffeebohnen, die wie zufällig in der Ecke liegen, zum Industrie-Look bei. Zur Auswahl stehen kleine Tische drinnen und eine Terrasse auf der Rückseite.

129 VERO CAFFÈ

Sint-Jansplein 9
Altstadt ①
+32 (0)50 70 96 09

Chloë Kremar hat ihre Café-Bar 2014 eröffnet. Hier gibt es guten Kaffee und köstliche Zitronen-Muffins. Die moderne Inneneinrichtung kombiniert schlichte weiße Wände und Topfpflanzen. Im Sommer kann man draußen auf dem Bürgersteig an Metalltischen sitzen oder sein Getränk auf der winzigen Terrasse hinter dem Haus genießen.

130 POSTBAR

Langestraat 82
Ost-Brügge ④
+32 (0)468 11 57 01
postbar-coffee-shop.business.site

Die Postbar, Café-Bar und Mittagslokal, hat ein neues Konzept in die geschäftige Langestraat gebracht. Die Besitzer servieren nicht nur guten Kaffee und gesunde Mittagsgerichte, sie ermuntern ihre Gäste auch, in ihrem Schreibwarengeschäft Kunstpostkarten zu kaufen, die die Besitzer dann gern für die Gäste aufgeben. Mit dieser Initiative hoffen sie, die altehrwürdige Tradition des Postkartenschreibens wiederzubeleben.

Die 5 UNGEWÖHNLICHSTEN CAFÉS

131 **BOOKS & BRUNCH**
Garenmarkt 30
Astridpark-Viertel ②
+32 (0)50 70 90 79
booksandbrunch.be

Tabitha Ackaert und Jos Deroo haben einen relaxten Secondhand-Buchladen eröffnet, wo man auch gesundes Essen und guten Kaffee bekommt. In den hellgrünen Regalen finden sich unzählige Schmöker, darunter eine Auswahl an englisch- und französischsprachigen Büchern. Hinten haben die Besitzer eine Spielecke mit süßen Pilzhockern für die kleinen Gäste eingerichtet.

132 **BASIEL URBAN GREENHOUSE**
Mariastraat 13
Altstadt ②
+32 (0)468 35 07 56

Thomas und Jane haben ein verlassenes Haus im Herzen von Brügge in eine coole Café-Bar und einen Pflanzenladen verwandelt. Das alte Interieur wurde herausgerissen, um einen luftig weißen Raum auf zwei Ebenen zu schaffen mit exotischen Pflanzen in jeder Ecke und einem Orangenbaum im Hinterhof. Eine inspirierende Transformation. Sogar die hauseigene Bulldogge Basiel fügt sich nahtlos ein.

133 **EXCELLER BIKES**
Philipstockstraat 43
Altstadt ①
+32 (0)50 70 68 12
excellerbikes.com

Ein Fachgeschäft für Fahrräder im Zentrum von Brügge, wo man ein personalisiertes Zweirad bestellen oder ein Brompton-Klapprad reparieren lassen kann. Das Geschäft verkauft belgische Radtrikots, Brooks-Sättel und hippe Fahrradaccessoires. Natürlich kann man auch für einen Kaffee mit Plätzchen vorbeischauen oder sich an einem der runden Tische draußen ein Craft-Bier vom Brussels Beer Projekt genehmigen.

134 **YESTERDAY'S WORLD**
Wijngaardstraat 6
Begijnhof-Viertel ⑤
+32 (0)476 45 85 42

Eine schmale kleine Bar mit 65 Flaschenbieren und Tapas im Angebot. Gleichzeitig ist das hier auch ein Antiquitätengeschäft, wo man den runden Tisch, an dem man Platz genommen hat, gleich dazu kaufen kann, oder vielleicht einen Vintage-Dekoartikel für zu Hause. Gelegentlich finden hier Konzerte statt.

135 **LUCIFERNUM**
Twijnstraat 6
Altstadt ①
lucifernum.be

Der exzentrische Willy Retsin hat eine verfallene Freimaurerloge mit einer bizarren Sammlung an symbolistischen Gemälden, verstaubten Büchern und verrückten Statuen ausstaffiert. Die Türen öffnen sich immer am Sonntagabend. Dann stöbern die Gäste durch die vollgestellten Räume bis zum überwucherten Garten, wo man einen Rum-Cocktail genießen kann.

5 stilvolle Orte für den
AFTERNOON TEA

136 **THE GULLIVER TREE**
Cordoeaniersstraat 4
Altstadt ①
+32 (0)50 73 15 16
thegullivertree.be

Zwei Schwestern, Janey und Jilly, haben 2014 in einem ehemaligen Schreibwarengeschäft dieses coole kleine Café eingerichtet. Inmitten von weißen Wänden, stachligen Zimmerpflanzen und leiser Indie-Musik verwöhnt das freundliche junge Team die Gäste mit perfekten Flat-Whites und Earl Greys.

137 **SINT-ANNA**
Sint-Annaplein 29
Sint-Anna-Viertel ④
+32 (0)50 51 30 21

Nettes Lokal im ruhigen Sint-Anna-Viertel. Hier gibt es morgens frische Brötchen und Croissants oder mittags einen herzhaften flämischen Eintopf. Auch perfekt für eine Ruhepause am Nachmittag mit einer Tasse Kaffee und selbst gebackenen Zitronenkuchen.

138 **HOTEL DE ORANGERIE**
Kartuizerinnenstraat 10
Altstadt ②
+32 (0)50 34 16 49
hotelorangerie.be

Im Hotel de Orangerie kann man seinen Nachmittagstee in den intimen Räumlichkeiten oder auf der Terrasse am Wasser genießen. Zu den elf verschiedenen Tees werden Sandwiches, Scones mit *clotted cream* und belgisches Feingebäck gereicht. Alles wird morgens mit lokalen Produkten frisch zubereitet.

139 DE PROEVERIE

Katelijnestraat 6
Begijnhof-Viertel ⑤
+32 (0)50 33 08 87
deproeverie.be

Diese altmodische Teestube besteht aus mehreren Salons im Stil des 18. Jahrhunderts. Der Kaffee wird auf einem kleinen ovalen Tablett mit Sahne und vier selbst gemachten Schokoladen serviert, die im Familiengeschäft auf der gegenüberliegenden Straßenseite hergestellt werden.

140 SCOTTISH LOUNGE

Peperstraat 3
Sint-Anna-Viertel ④
+32 (0)50 33 88 83
adornes.org

Die schottischen Wurzeln der Familie Adornes reichen bis ins 15. Jahrhundert. Die 2018 eröffnete schottische Lounge, eingerichtet mit Ledersofas, polierten Tischen und Kunstbüchern, könnte sich auch problemlos in einem Highland-Castle wiederfinden. Die Gäste versorgen sich selbst mit Tee und Shortbread, das Geld wirft man in ein Marmeladenglas.

140 SCOTTISH LOUNGE

Die 5 besten

WEINBARS

141 **BAR JUS**
Kleine Sint-Amands-straat 10
Altstadt ②
+32 (0)50 61 32 77

Das relaxte Weingeschäft mit moderner Einrichtung wurde 2014 unweit des Marktes eröffnet. Hier erwarten den Gast nur ein paar Tische und einige Barhocker. Dennoch lohnt es sich, für ein Glas portugiesischen Wein oder einen besonderen Gin vorbeizuschauen. Dazu werden Aufschnitt und seltene Käsesorten auf Holzbrettern gereicht. Am Wochenende geschlossen.

142 **BLEND**
Kuipersstraat 6-8
Altstadt ①
+32 (0)497 17 20 85
uncorked.be

Diese lokalen Weinhändler mit Weingütern in der Toskana haben ein altes Ladengeschäft im Stadtzentrum in eine stilvolle Weinstube verwandelt. Sie ist mit hellen Holzmöbeln und Designerlampen eingerichtet und hat große Fenster, die die Straße überblicken. Die Besitzer, beide in der Vergangenheit zu belgischen Sommeliers des Jahres gewählt, bieten 30 Weine im Glas an.

142 BLEND

143 CUVEE

Philipstockstraat 41
Altstadt ①
+32 (0)50 33 33 28
cuvee.be

Diese legere Weinbar ist perfekt, um einen Bio-Wein von einem kleineren französischen oder italienischen Weingut zu probieren. Der gemütliche Raum mit Vintage-Stühlen aus den Fünfzigern und niedrigen Tischen liegt im hinteren Bereich eines Weinfachhandels. Die Bar bietet an die 15 Weine im Glas, dazu werden verschiedene Tapas gereicht.

144 ATELIER FLORI

Korte Vulders-straat 30
't Zand Quarter ⑥
+32 (0)472 82 40 30
atelierflori.be

Diese freundliche, unkonventionelle Weinstube befindet sich in einem Haus mit überwucherter Fassade. Das einstige Wohnhaus und Atelier des romantischen Brügger Künstlers Florimond (Flori) Van Acker ist vollgestopft mit Antiquitäten, Spiegeln und Pflanzen. Die Besitzer servieren Wein im Glas sowie kleine Platten mit leckeren veganen Speisen. Sie organisieren auch Ausstellungen und laden Blues- und Jazzmusiker zu Konzerten ein.

145 RIESLING & PINOT

Hoogstraat 33
Altstadt ①
+32 (0)50 84 23 97
riesling-pinot.be

Der Weinexperte Casimir Dusart hat eine Weinbar voller Eleganz geschaffen. Hier werden deutsche Weine inmitten einer warmen, zwanglosen Einrichtung aus altem Fachwerk, kleinen runden Tischen und Kerzen ausgeschenkt. Es sind 40 verschiedene Weine auf Lager, darunter 15, die man an der Bar verkosten kann.

Die 5 besten Kneipen für NACHTEULEN

146 **DE COULISSEN**
Jakob van Ooststraat 4
Altstadt ①
decoulissen.be

Das De Coulissen, im klassizistischen Gebäude einer ehemaligen Bank untergebracht, ist eine tolle Wahl, um in die Nacht zu starten. Die alte Einrichtung hat erst vor Kurzem eine coole Erneuerung erfahren. Innendesigner Will Erens von der Agentur Puresang hat eine trendige Lounge-Bar geschaffen, deren geschmackvolle Tanzfläche mit LEDs beleuchtet wird.

147 **PARAZZAR**
Torhoutse Steenweg 10
Vororte ⑦
+32 (0)50 33 55 28
parazzar.be

Diese kleine Jazz-Bar und Kunstgalerie direkt vor den Toren der Altstadt ist bei Einheimischen und Musikern sehr beliebt. Hierher kommt man wegen des legeren historischen Interieurs, der Spaghetti bolognese und der monatlichen Konzerte. Die Bierkarte ist eine der besten der Stadt und listet auch seltene Biersorten. Um auf Nummer sicher zu gehen, lohnt es sich, fürs Wochenende einen Tisch zu reservieren.

148 THE VINTAGE

Westmeers 13
't Zand-Viertel ⑥
+32 (0)50 66 67 80

Entspanntes Lokal nahe des Concertgebouw, wo man im Sommer draußen sitzen und die Abendsonne genießen kann. Beliebt bei den Einheimischen wegen des umfangreichen Bierangebots, der hausgemachten Spaghetti und der regelmäßigen Livekonzerte. Die Bar schenkt acht Biere vom Fass aus, darunter das La Chouffe und das dunkelrote Rodenbach aus Westflandern.

149 'T VERDRIET VAN BELGIË

Sint-Jansstraat 1
Altstadt ①
+32 (0)498 61 74 58

In dieser zwanglosen Bar im Zentrum mischen sich gern einheimische Studenten unter die Touristen. Ein schlichtes, modernes Lokal mit einer begrenzten Auswahl an Bieren und einer noch begrenzteren Auswahl an Speisen. Dennoch ein freundlicher Ort, um Musik zu hören und um das gelegentliche Livekonzert mitzunehmen.

150 CHARLIE ROCKETS

Hoogstraat 19
Altstadt ①
+32 (0)50 33 06 60
charlierockets.com

Dies war einst eines der ältesten Kinos von Brügge. Heute befindet sich hier ein Jugendhotel mit einer geselligen Bar, wo Backpacker Reisetipps austauschen. Die Inneneinrichtung erinnert mit ihren Neonschildern, Billardtisch, Kinoplakaten und Rock'n'Roll-Andenken an eine amerikanische Roadside-Bar. Eine tolle Wahl, um das Livekonzert einer lokalen Band zu hören.

5 tolle Stopps für eine **BIERTOUR** *durch Brügge*

151 **BRAUEREI DE HALVE MAAN**
Walplein 26
Begijnhof-Viertel ⑤
+32 (0)50 44 42 22
halvemaan.be

De Halve Maan ist die letzte Familienbrauerei in Brügge. Hier werden das Brugde Zot und das starke Staffe Hendrik gebraut. 2016 baute man eine 3 km lange unterirdische Leitung, um das Bier für die Flaschenabfüllung vor die Tore der Stadt zu pumpen. Wenn Sie mehr über den Brauereivorgang erfahren möchten, lohnt die Teilnahme an einer Führung. Die Dachterrasse gewährt einen unverhofften Blick auf die Altstadt.

152 **BRAUEREI BOURGOGNE DES FLANDRES**
Kartuizerinnenstraat 6
Altstadt ②
+32 (0)50 33 54 26
bourgogne desflandres.be

Dieses winzige Brauhaus versteckt sich auf einem düsteren Dachboden im Herzen der Stadt. Hier hat der belgische Brauer Anthony Martin das saure dunkelrote Brügge-Ale Bourgogne des Flandres aus dem Jahr 1909 wiederbelebt. Die Audio-Tour führt Sie nach oben in die Brauerei, wo man das Malz riechen und der Geschichte lauschen kann. Sie schließt ab mit einer Verkostung am Kanalufer.

152 BRAUEREI BOURGOGNE DES FLANDRES

153 **'T BRUGS BEERTJE**
Kemelstraat 5
Altstadt ②
+32 (0)50 33 96 16
brugsbeertje.be

Leider steht Daisy nicht mehr hinter dem Tresen oder Jan für ein Bierseminar im Hinterzimmer. Diese freundliche flämische Bar wurde 1983 eröffnet und später von einem jungen Team übernommen. Glücklicherweise hat sich nicht viel verändert. Im dämmrigen Inneren finden sich alte Brauerei-Werbeschilder, und von der Decke hängt Hopfen. Es gibt um die 300 Biere auf Lager, darunter seltene saisonale Sorten.

154 **'T BRUGSCH BIERATELIER**
Wijngaardstraat 13
Begijnhof-Viertel ⑤
+32 (0)478 33 49 69
brugschbieratelier.be

Diese winzige Bar unweit des Begijnhofs mutet mit den verstaubten Banknoten an der Decke und den Biermatten an den Wänden ein wenig schrullig an. Doch das Bier wird hier absolut ernst. genommen. Bei einer Verkostung werden 12 belgische Biere in kleinen Gläschen auf einem Holzbrett serviert.

155 **BRAUEREI FORT LAPIN**
Koolkerkse Steenweg 32
Vororte ⑦
+32 (0)495 50 26 70
fortlapin.com

Kristof Vandenbussche gründete 2011 seine Craft-Brauerei Fort Lapin. An Samstagen führt der freundliche Besitzer selbst seine Gäste durch die modernen Brauereiräume. Am Ende der Tour kann man das Fort Lapin 8 und weitere eher seltene Biere im hübsch eingerichteten Verkostungsraum mit Vintage-Möbeln und Tapeten aus den 1970er-Jahren probieren.

Die 5 besten
BRÜGGER BIERE
zum Probieren

156 **BRUGSE ZOT BLOND**
CAMBRINUS
Philipstockstraat 19
Altstadt ①
+32 (0)50 33 23 28
cambrinus.eu

Dieses leckere hiesige Bier wird bei De Halve Maan aus vier Sorten Malz und zwei Sorten Hopfen gebraut. Der Name spielt auf einen Vorfall im Mittelalter an, als Kaiser Maximilian scherzhaft anmerkte, dass die Stadt Brügge voller *zotten*, Verrückter, sei.

157 **STRAFFE HENDRIK TRIPEL**
BRAUEREI DE HALVE MAAN
Walplein 26
Begijnhof-Viertel ⑤
+32 (0)50 44 42 22
halvemaan.be

Das Straffe Hendrik, das letzte ursprüngliche *Brugs tripel bier* (Tripel-Bier aus Brügge), wurde 1981 gebraut, um die Enthüllung einer Statue zu feiern, die dem Schutzpatron der Brauer gewidmet ist. Dieses starke, goldene Bier genießt man am besten im Innenhof der Brauerei.

158 **FORT LAPIN TRIPEL 8**
BRAUEREI FORT LAPIN
Koolkerkse Steenweg 32
Vororte ⑦
+32 (0)495 50 26 70
fortlapin.com

Die kleine Brauerei Fort Lapin hat seit ihrer Gründung im Jahr 2011 langsam, aber sicher ihre Auswahl an Bieren erweitert. Heute kann man mindestens acht davon verkosten, darunter das echte Fort Lapin Tripel 8.

159 **DEN BRUINEN OS**
BRAUEREI BOURGOGNE DES FLANDRES
Kartuizerinnenstraat 6
Altstadt ②
+32 (0)50 33 54 26
bourgognedesflandres.be

Der belgische Brauer Anthony Martin kreiert im Herzen von Brügge interessante alte Ales. Sein bekanntestes, das Bourgogne des Flandres, ist ein fruchtiges, rötliches Bier. Doch es gibt auch ein malziges braunes Ale namens Den Bruinen Os sowie das ein oder andere Experiment.

160 **TRIPEL DE GARRE**
DE GARRE
De Garre 1
Altstadt ②
+32 (0)50 34 10 29
degarre.be

Ein süßes Ale mit festem Schaum, das für das Staminee de Garre gebraut wird. Hergestellt von der Brouwerij Van Steenberge, aber ausschließlich vom Fass in dieser kleinen versteckten Bar in Brügge erhältlich.

156 BRUGSE ZOT BLOND

ANTIQUES

60 ORTE ZUM SHOPPEN

5 *hinreißende* LADEN-EINRICHTUNGEN

161 ROMBAUX
Mallebergplaats 13
Altstadt ①
+32 (0)50 33 25 75
rombaux.be

Dieses Familiengeschäft erinnert an die Zeiten, bevor das Internet die Plattenläden in den Ruin getrieben hat. Ein Besuch lohnt allein deshalb, weil man durch ein Labyrinth aus kleinen Räumen mit Mosaikböden, Buntglas und Holzvertäfelung wandern kann. Das Geschäft befindet sich seit drei Generationen in der Hand der gleichen Familie und ist mit jedem nur erdenklichen Musikstil vollgestopft, von seltenen klassischen Komponisten bis neuer flämischer Folkmusic.

162 APOTHEEK DRYEPONDT
Wollestraat 7
Altstadt ②
+32 (0)50 33 64 74

Kopfschmerzen? Dann haben Sie eine willkommene Ausrede, um diese wunderschöne Apotheke zu betreten, die von Doktor Dryepondt gegründet wurde. Sie mag ein wenig museal anmuten, doch das Geschäft ist tatsächlich seit 1835 in Betrieb. Ein Besuch lohnt sich, und sei es nur, um den Fliesenboden, die Holztheken und die Reihen von braunen Arzneigefäßen zu bewundern.

163 **SCOTCH & SODA**
Noordzandstraat 21
Altstadt ②
+32 (0)50 89 09 11
scotch-soda.com

Die Modekette Scotch & Soda zog 2011 in die prachtvolle Art-nouveau-Lobby des Grand Hotel du Sablon. Dabei wurde darauf geachtet, den Marmorkamin, den alten Aufzug und die Holzvertäfelung von 1908 nicht zu überbauen. An der Fassade ist sogar noch das alte Hotelschild zu bewundern.

164 **CHAPELLERIE BAECKELANDT**
Ezelstraat 120
Nord-Brügge ③
+32 (0)472 30 62 33
hoedenbrugge.be

In diesem Eckgeschäft unweit des Ezelpoort können Frauen einen Hut für die Hochzeit und Männer einen Panama-Hut für den Strand kaufen. Frédérique Baeckelandt zeigt ihre Kreationen in einem herrlich rustikalen Ambiente, das von Fliesenboden und Eichengebälk dominiert wird. Gern entwirft sie auf Wunsch auch Einzelstücke.

165 **THE CHOCOLATE LINE**
Simon Stevinplein 19
Altstadt ②
+32 (0)50 34 10 90
thechocolateline.be

Dominique Persoone verkauft seine köstliche Schokolade in einem Haus aus dem 15. Jahrhundert, welches einst eine Weinhandlung war. Der ehemalige Koch verarbeitet dabei ungewöhnliche Zutaten, zum Beispiel Röstzwiebeln, gesalzenen Speck und Tabakblätter. Das Geschäft wurde 2016 renoviert und umfasst nun eine offene Schokoladenwerkstatt und ein kleines Schokomuseum.

Die 5 besten
SCHOKOLADENLÄDEN

166 **SPEGELAERE**
Ezelstraat 92
Sint-Gillis-Viertel ③
+32 (0)50 33 60 52
chocolaterie spegelaere.be

Dieses 1954 eröffnete Schokoladengeschäft ist das älteste in Brügge und liegt abseits der Touristenpfade. Die vorwiegend einheimische Kundschaft kommt wegen der authentischen Schokolade, darunter die wie das örtliche Kopfsteinpflaster geformte Spezialität des Hauses, *Brugse Kasseien*.

167 **DEPLA**
Mariastraat 20
Altstadt ②
+32 (0)50 34 74 12
poldepla.be

Pop Depla stellt in der Werkstatt, die sein Vater 1958 gegründet hat, Schokoladen aus den besten, fair produzierten Kakaobohnen her. Seine Kreationen kann man in einem elegant-modernen Laden in der Nähe des Sint-Janshospitaal kaufen.

168 **V-CHOCOLATIER BY SWEERTVAEGHER**
Geldmuntstraat 39
Altstadt ②
+32 (0)471 85 30 7
v-chocolatier.be

Die Familie Sweertvaegher eröffnete 1933 ihr erstes Schokoladengeschäft in Ypres, 1950 folgte Brügge. Unter dem Namen V-chocolatier wurde dieser kleine Laden eröffnet. Die Locals decken sich gern hier ein mit selbst gemachten Pralinen, die solch fantastische Namen haben wie »Grenoble« und »Snobinette«.

169 BBYB

Sint-Amandsstraat 39
Altstadt ②
+32 (0)50 70 57 60
bbyb.be

Küchenchef Bart Desmidt und Chocolatier Jan Verleye kreieren mit die besten Schokoladen Belgiens. 22 Sorten werden im edlen Laden im Herzen von Brügge angeboten. Jede Schokolade erhält je nach Geschmack eine Nummer und eine Farbe. Nr. 58 (Bitterschokolade, Karamell, Meersalz) könnte die beste Schokolade sein, die Sie jemals gekostet haben.

170 SUKERBUYC

Katelijnestraat 5
Begijnhof-Viertel ⑤
+32 (0)50 33 08 67
sukerbuyc.be

Die Familie Depreter begann 1977 Schokolade selbst herzustellen. Heute stellen sie hierfür einen Jungkoch ein, der sich immer wieder neue Rezepte ausdenkt und ungewöhnliche Geschenkideen entwickelt, zum Beispiel ein Schoko-Puzzlespiel oder eine essbare Schokoladenschachtel.

167 **DEPLA**

Die 5 besten Adressen für WEIN, BIER & HOCHPROZENTIGES

171 **DE BIERBOOM**
Langestraat 73
Sint-Anna-Viertel ④
+32 (0)50 34 99 36
debierboom.be

Von der Innenstadt aus muss man zwar ein paar Minuten laufen, aber dieses freundliche Biergeschäft lohnt die Mühe. Der Besitzer, Rudy Vossen, hat eine limitierte Auswahl an seltenen belgischen Bieren auf Lager, darunter das exklusive Westvleteren Tripel. Im Hinterzimmer sind Tische aufgestellt, wo Bier-Fans aus aller Welt zusammenkommen, um die Erzeugnisse aus Mikrobrauereien genauso zu verkosten wie Rudys eigenes Gebräu namens Bierboom.

172 **FEYS-VAN ACKER**
Raamstraat 1 bis
Altstadt ①
+32 (0)50 33 21 98
feys-vanacker.be

Feys-Van Acker ist einer der ältesten Weinhändler Belgiens. Seit 1822 importiert er ausgesuchte französische Weine nach Brügge. 1966 zog das Geschäft in einen ehemaligen Brauereikeller, der im Zweiten Weltkrieg als Schutzraum genutzt wurde. In den kühlen Gewölben lagern um die 500 Weinsorten.

173 **GIN AND WHISKY SHOP**
Dweersstraat 2
't Zand-Viertel ⑥
+32 (0)50 69 75 40
ginandwhiskyshop.be

Die Besitzer dieses Fachgeschäfts führen über 600 exklusive Gin- und Whiskeysorten. Sie produzieren außerdem ihren eigenen Brügger Single-Malt, der in einem Château-Margaux-Weinfass heranreift. An einer kleinen Verköstigungsbar können die Kunden erst etwas probieren, bevor sie sich für den Kauf entscheiden.

174 **BACCHUS CORNELIUS**
Academiestraat 17
Altstadt ①
+32 (0)50 34 53 38
bacchuscornelius.com

Dieses großflächige Biergeschäft ist ein bisschen wie ein verstaubtes Museum. Es gehört einer aufgeweckten jungen Dame, die um die 450 Biersorten im Sortiment hat. Hier gibt es Raritäten, die man sonst nirgendwo findet, wie das De Dolle Dulle Teve, De Dochter van de Korenaar und das Hausbier.

175 **THE BOTTLE SHOP**
Wollestraat 13
Altstadt ②
+32 (0)50 34 99 80
thebottleshop.be

Dieses Spezialgeschäft im Herzen von Brügge hat über 600 Flaschenbiere im Angebot. Das freundliche Verkaufsteam erklärt gern die Besonderheiten und holt das ein oder andere Fläschchen zum Probieren aus dem Keller. Auf Lager sind einige seltene Sorten, darunter ein Bier namens The Pineapple One, das von der Brauerei Fort Lapin exklusiv für dieses Geschäft gebraut wird.

5 der besten
BUCHLÄDEN

176 DE REYGHERE

Markt 12
Altstadt ②
+32 (0)50 33 34 03
dereyghere.be

Der älteste Buchladen Flanderns »Der Reiher« wurde 1888 von Edmond de Reyghere gegründet. Direkt am Markt kann man hier Romane auf Niederländisch sowie internationale Zeitungen, Zeitschriften und Bücher kaufen. Ein zweiter Laden nebenan widmet sich Karten, Wörterbüchern und Reiseführern. 2013 wurde das 125. Geschäftsjubiläum gefeiert und das Familienwohnzimmer über dem Laden in einen Literatursalon verwandelt.

177 RAAKLIJN

Kuipersstraat 1
Altstadt ①
+32 (0)50 33 67 20
raaklijn.be

1961, als Brügge noch ein verschlafenes Nest war, gründete Jean Darthet diesen Buchladen für anspruchsvolle Literatur. Nach mehreren Umzügen ist er nun in diesem schönen Gebäude mit alten Holzdielen und weißen Wänden direkt neben der Hauptbibliothek Biekorf zu finden. Hier findet man Bestseller auf Niederländisch, englisch- und französischsprachige Romane sowie Fachliteratur zu Architektur, Kunst und Philosophie.

176 **DE REYGHERE**

178 BRUGSE BOEKHANDEL

Dijver 2
Altstadt ②
+32 (0)50 33 29 52
brugseboekhandel.be

Das traditionelle Familienunternehmen wurde 1934 in einem Giebelhaus am Dijver-Kanal eröffnet. Bei Einheimischen unter dem Namen DeMeester bekannt, bietet dieses altmodische Geschäft eine große Auswahl an Büchern über Spitzenklöppelei sowie eine umfangreiche Abteilung zum Thema Kunst und Geschichte in Brügge.

179 MARC VAN DE WIELE

Sint-Salvators-kerkhof 7
Altstadt ②
+32 (0)50 33 63 17
marcvandewiele.com

Marc van de Wieles Antiquariat befindet sich in einem weißen Eckhaus hinter der Kathedrale. Es ist bei Leseratten aus der ganzen Welt bekannt. 1967 gegründet, findet man hier wunderschöne Atlanten im Ledereinband, seltene Kunstbücher und obskure Studien zur Hexenkunst. Auktionen finden zweimal im Jahr statt.

180 DEN ELDER

Langestraat 84
Sint-Anna-Viertel ④
+32 (0)50 34 18 29
denelder.be

Die Einheimischen lieben es, die Regale dieses kleinen Secondhand-Buchladens auf der Suche nach unverhofften Fundstücken abzuklappern. Der Besitzer führt zudem alte Vinyl-Schallplatten, CDs und Videofilme. Die meisten Bücher sind auf Niederländisch, aber vielleicht stoßen Sie auf das ein oder andere vergessene Kunstbuch oder auf einen englischen Roman.

5 hippe Adressen für
MODE

181 **RUTH**
Sint-Jakobsstraat 55
Altstadt ①
+32 (0)50 69 88 99
boetiekruth.be

In einem bildschönen Eckgebäude aus dem Jahr 1908 hat Ruth Niville eine exklusive Boutique für Damenmode eröffnet. 2015 von der Genter Architektenkollektive Urbain restauriert, erinnert der zweigeschossige Laden ans coole Amsterdam. Ruth füllt die Kleiderständer mit ausgewählten Lieblingsstücken von Designern wie Sessùn, Humanoid und Momoni.

181 **RUTH**

182 TWEE MEISJES

Sint-Jakobsstraat 61
Altstadt ①
+32 (0)50 33 16 61
tweemeisjes.be

Der Name geht auf ein Volkslied des flämischen Liedermachers Raymond van het Groenewoud zurück, in dem zwei Mädchen am Strand Modemagazine lesen. Die Besitzerin Margriet hat eine relaxte Sommeratmosphäre geschaffen.

183 L'HÉROINE

Noordzandstraat 32
Altstadt ②
+32 (0)50 33 56 57
lheroine.be

Dieser schlichte Laden ist ein Aushängeschild für coole belgische Mode. Martine Goethals verkauft seit den 1980er-Jahren radikale Looks des Labels Antwerp Six und von jungen Talenten der lokalen Modeschulen. Kundinnen erstehen hier Seidenkleider, Jacken und Winterpullis.

184 GARE DE ROBE

Leopold II Laan 47-A
Nord-Brügge ③
+32 (0)50 33 39 99
garederobe.be

Ein sympathisches Modefachgeschäft in einem alten Industriebau am Stadtrand. Hier findet man stilvolle, tragbare Kleidung von französischen und lokalen Designern wie Nathalie Vleeschouwer, FAM und Strickmodenhersteller La Femme Garniture. Zudem Schuhe, handgefertigten Schmuck und Parfüm.

185 FRESH

Sint-Jakobsstraat 30
Altstadt ①
+32 (0)472 81 54 49
freshbrugge.com

Ein cooler Lifestyle-Laden für Damen und Herren mit einer inspirierenden Auswahl an Streetwear, Taschen, Sneakers und Accessoires. Der freundliche Besitzer vertreibt Kleidung genialer Labels wie die verrückte polnische Sockenmarke Many Mornings. Außerdem werden hier Grafiken ansässiger Jungkünstler ausgestellt.

Die 5 kreativsten
CONCEPT-STORES

186 **GOÛTS ET COULEURS**
Ezelstraat 1 and 5
Altstadt ①
+32 (0)50 69 82 83
gouts-et-couleurs.be

Die beiden Ladengeschäfte der Innendesigner Ester de Vestele und Bob Waterschoot stellen überwiegend nordisches Design aus. Eines konzentriert sich auf die neuesten Trends bei Stühlen, Tischen, Lampen und Vasen von Marken wie Hay, Ferm Living und Muuto. Der andere Laden zwei Türen weiter verkauft erschwingliche Wohnaccessoires wie Kerzen, Schmuck und Karten.

187 **MAIS OUI**
Academiestraat 12
Altstadt ①
+32 (0)50 69 81 40
mais-oui.be

Die Schwestern Charlotte und Emmanuelle reisen viel herum auf der Suche nach jungen, zeitgemäßen Marken von französischen, dänischen und amerikanischen Designern. Diese bieten sie in einem kleinen Shop zusammen mit ihrer persönlichen Auswahl an Keramik, Kissen und Schmuck an.

186 GOÛTS ET COULEURS

188 JUTTU

Noordzandstraat 54
Altstadt ②
+32 (0)50 33 10 06
juttu.be

Der Name wirkt finnisch, aber Jūttu ist eine durch und durch belgische Idee. Das Geschäft wurde 2015 in einer Giebelhausreihe eröffnet und im trendigen Scandi-Stil eingerichtet. Jūttu verkauft eine fantastische Auswahl an Kleidung, Uhren, Pflanzen und Büchern. Der Fokus liegt auf kleinen aufstrebenden Marken mit eigener Identität wie Anerkjendt aus Dänemark, Cluse aus den Niederlanden und Antwrp aus Belgien.

189 ONLIFE CULTURE

Noordzandstraat 85
Altstadt ②
+32 (0)472 81 63 90

Dieser innovative Concept-Store wurde 2017 von zwei Locals eröffnet, um zehn jungen Start-ups einen gemeinsamen Ort zu bieten, an dem sie ihre Konzepte ausprobieren können. Dazu zählen ein ambitioniertes Modelabel, ein lokaler Künstler, ein Aufnahmestudio, ein Imbiss sowie ein Frisör.

190 DUKA MOODSTORE

Wijngaardstraat 14
Begijnhof-Viertel ⑤
+32 (0)478 98 79 10
duka-store.be

Dieser kleine Laden liegt in einem weißen Haus unweit des Begijnhofs. Der Verkäufer bietet handgefertigte Wollschals und Hüte von belgischen und französischen Designern, ökologisch hergestellte T-Shirts, Schmuck und eine kleine Auswahl an Kunstbüchern an. Für Kaffee und Kuchen gibt es eine Eckbank in der oberen Etage.

Die 5 besten
VINTAGE-LÄDEN

191 **BROCANTE CAFÉ**
Langestraat 57
Sint-Anna-Viertel ④
+32 (0)494 85 73 95
brocantecafe.com

Robbe und Joke verkaufen in ihrem coolen Antiquitätenladen Fundstücke aus Haushaltsauflösungen – angeblich ist alles bis auf die Kasse käuflich zu erwerben. Vielleicht verlieren Sie Ihr Herz ja an einen Vintage-Stuhl, einen Gipsheiligen oder ein verbeultes belgisches Straßenschild? Die Besitzer servieren auch Kaffee und Bier.

192 **VIE DE VUE**
Hoogstraat 40
Altstadt ①
+32 (0)50 70 60 70
viedevue.be

Großes Antiquitätengeschäft voller nostalgischer Objekte wie Schlittschuhe aus Holz, Gipsstatuen, ausgestopfte Tiere und leere Gläser für ein Pflanzenterrarium. Jeder Artikel ist ordentlich ausgepreist.

193 **SELECTED BY FRANÇOISE**
Ezelstraat 100
Nord-Brügge ③
+32 (0)50 33 71 04
selectedbyfrancoise.be

Françoise Poulain ist die Besitzerin dieses stilvollen Vintage-Ladens in der angesagten Ezelstraat. Hier finden Sie hochwertige, fast neue Designermode und Accessoires von Edelmarken wie Dries van Noten, Paul Smith und Sophie d'Hoore. Alles, nur kein Schund.

194 **BROCANTE ROYAL**
Leopold II-laan 43-45
Nord-Brügge ③
+32 (0)50 33 78 38

Eine ehemalige Werkstatt am Stadtrand, die mit verstaubten Antiquitäten vollgestellt ist. Hier gibt es ausgestopfte Füchse, chinesische Vasen, gerahmte Fotografien und Kronleuchter. Vielleicht finden Sie hier etwas Exotisches als Mitbringsel für Ihr Zuhause.

195 **MADAM MIM**
Hoogstraat 29
Altstadt ①
+32 (0)50 61 55 05
madammim.be

2011 eröffnete Madam Mim in dem knallroten Giebelhaus ihren Vintage-Laden. Auf der Suche nach neuen Artikeln durchstreift sie Flohmärkte, Messen und Hausverkäufe. Hier gibt es Sonnenbrillen, Kleider, Spitze, Familienfotos und Schachteln voller Knöpfe.

192 VIE DE VUE

5 *interssante*

DESIGNERLÄDEN

196 **SERENDIPITY**
Sint-Jakobsstraat 56
Altstadt ①
+32 (0)50 66 53 05
serendipity-store.be

Innenarchitektin Anne Janssens eröffnete ihren inspirierenden kleinen Concept-Store 2017 in einem Giebelhaus gleich gegenüber der Kirche Sint-Jakobskerk. Hier kommt eine entspannte Mischung aus rustikalen und modernen Objekten zusammen, darunter Keramik, Kissen und Parfüms.

196 SERENDIPITY

197 **CALLEBERT DESIGN**
Wollestraat 25
Altstadt ②
+32 (0)50 33 50 61
callebert.be

Nicht alles in Brügge ist alt. Callebert ist beliebt bei Einheimischen, die Wert auf zeitgenössischen Einrichtungsstil legen. Das 1948 gegründete Geschäft vertreibt Möbel von italienischen Designern, glänzende Küchengeräte, seltsame Gadgets und Holzspielzeug.

198 **HUIS STANDAERT**
Witteleertouwers-straat 48
Ost-Brügge ④
+32 (0)50 33 27 32
polstandaert.be

Pol Standaert ist einer der letzten Fachleute in Belgien, die eine Zierdecke aus Stuck oder einen Kamin im Louis-quinze-Stil bauen können. In seinem Ausstellungsraum können Sie Pols elegante Kamine und im Gipsguß hergestellte Plastiken besichtigen.

199 **LA STANZA DI STEFANIE**
Ezelstraat 43
Nord-Brügge ③
+32 (0)473 52 61 90
lastanzadistefanie.com

Stefanie verkauft in einem kleinen Ladengeschäft gegenüber der Karmelietenkerk einheimische und italienische Designerartikel, darunter bemalte Holzschalen, Kunstbücher, Raumdüfte und belgische Leinenkissen.

200 **VANHILLE GRUBERT**
Ezelstraat 23
Nord-Brügge ③
+32 (0)468 47 33 89
vanhille-grubert.com

Das Studio für Innendesign und Restaurierung von Jeffrey Vanhille und seiner dänischen Partnerin Emilie Grubert ist auf Vintage-Möbel und Keramik der 1950er-Jahre spezialisiert. Zudem verkaufen sie hier ihre eigenen von Hand gefertigten Möbel und Kleidungsstücke sowie Woll-Plaids aus Portugal, handgearbeiteten dänischen Schmuck und Schaffelle von den Färöern.

Die 5 besten

ANTIQUITÄTEN-HÄNDLER

201 **DEPOT D'O**
Riddersstraat 21
Altstadt ①
+32 (0)495 23 65 95
depotdo.be

Hier stolpert man über die seltsamsten Dinge: Das kann ein Vintage-Radio sein, ein Haufen Holzpilze oder ein Plastikkörper, der aus einer Anatomieklasse stammt.

202 **ATELIER PAPAGENO**
Vlamingstraat 52
Altstadt ①
+32 (0)50 33 05 94
antiek-vanmullem.be

Bas van Mullen restauriert fachmännisch antike Möbelstücke in einer Werkstatt unweit des Stadttheaters. Außerdem verkauft er Möbel und Gemälde in einem kleinen Eckladen, den er von seinen Eltern geerbt hat. Der Name des Geschäfts ist von einer Statue inspiriert, die seit 1980 vor dem Theater steht: Papageno aus Mozarts *Zauberflöte*.

203 **ROCOCO**
Wollestraat 9
Altstadt ②
+32 (0)50 34 04 72
rococobrugge.be

In Mieke Bracks Laden für Spitze wird seit 1834 feine Brügger Spitze verkauft. Die gruselige animierte Puppe einer Spitzenklöpplerin im Erkerfenster lässt das Geschäft von außen wie eine Touristenfalle wirken. Doch die Spitze, die hier verkauft wird, wird in Brügge nach traditionellen Methoden handgefertigt.

204 **CARLO BONTE**
Kardinaal
Mercierstraat 20
Nord-Brügge ③
+32 (0)50 33 23 55
carlobonte.be

Carlo Bonte hält in dem Warenhaus direkt vor dem Stadttor Ezelpoort regelmäßige Auktionen für Gemälde und Möbel ab. Der Schwerpunkt liegt auf chinesischer Kunst, darunter kostbare Ming-Vasen, die von Missionaren und Eisenbahningenieuren nach Belgien gebracht worden sind.

205 **YANNICK DE HONDT**
Sint-Salvators-kerkhof 9
Altstadt ②
+32 (0)475 65 30 58
yannickdehondt.be

Yannick de Hondt verkauft in einem Backsteinhäuschen direkt gegenüber der Kathedrale Geheimnisvolles. Er sammelt antike Gegenstände aus ganz Europa wie bemalte Töpferwaren und gotische Steinkapitelle, die er aus abbruchreifen Kirchen rettet. Doch seine wahre Leidenschaft ist seltene Kunst aus Afrika.

201 **DEPOT D'O**

Die 5 besten Adressen für SCHMUCK und ACCESSOIRES

206 **JONAS MAES JEWELS**
Sint-Salvatorskerkhof 8
Altstadt ②
+32 (0)493 46 32 38
jonasmaesjewels.com

Jonas Maes fertigt in seiner Ladenwerkstatt hinter der Kathedrale elegante, erschwingliche Schmuckstücke. Er hat sich auf Unikate spezialisiert: einzigartige Halsketten, Hochzeitsringe und schlichte Silberarmbänder.

207 **KINGIN**
Ezelstraat 27
Nord-Brügge ③
+32 (0)50 34 19 09
kingin.be

Nikolaas und Nathalie produzieren in einem weißen Stufengiebelhaus elegante Schmuckaccessoires. Der bescheidene Verkaufsraum wird von einer Werkbank und einem langen Holztresen beherrscht, wo man die Kreationen für die Kundschaft auslegt.

208 **BELLA DONNA**
Geldmuntstraat 19
Altstadt ②
+32 (0)488 16 92 38
belladonnabrugge.com

Elsje Margodt verkauft in einer Boutique in der Nähe des Marktes handgearbeiteten Schmuck. Die einzigartigen Stücke werden aus natürlichen Steinen wie Jaspis, Onyx und Malachit kreiert.

209 HOET

Vlamingstraat 19
Altstadt ①
+32 (0)50 33 50 02
hoet.eu

Als Patrick Hoet das Optikergeschäft seiner Mutter übernahm, war es Zeit für einen Neustart. Heute verkauft er in dem hübsch eingerichteten Laden helle, auffällige Brillenmodelle. Hoet arbeitet oft mit belgischen Künstlern und Designern zusammen, die für seine Marke Theo Originale entwerfen. Zu seinen Kunden zählen Bill Gates und Elton John.

210 VALÉRIE V.

Langerei 68
Sint-Gillis-Viertel ③
+32 (0)50 34 38 03
valeriev.be

Valérie van Maele hat Schmuckdesign an der angesehenen Akademie der Schönen Künste in Antwerpen studiert. In ihrer Werkstatt in einem Kanalhaus aus dem 16. Jahrhundert fertigt sie einzigartige Halsketten und Ringe an. Vereinbaren Sie telefonisch einen Termin.

Die 5
ORIGINELLSTEN LÄDEN

211 **FREDERIEK VAN PAMEL**
Ezelstraat 33
Nord-Brügge ③
+32 (0)50 34 44 80
frederiekvanpamel.be

Der Innendesigner und Landschaftsgärtner Frederiek Van Pamel kreiert atemberaubende Blumenarrangements. Das mysteriöse Labyrinth aus dämmrigen Räumen ist mit exotischen Blumengebinden, eleganten Topfpflanzen, Gartengeräten und Designer-Büchern gefüllt.

212 **RECOUR**
Braambergstraat 38
Altstadt ②
+32 (0)50 34 30 67
recour.net

In diesem bezaubernden Eckladen werden seit Menschengedenken Uhren repariert. Das historische Innere ist angefüllt mit tickenden Zeitmessern verschiedenster Epochen und Designs. Die kunstfertigen Fachleute im hinteren Teil des Ladens können mit ihren Werkzeugen so gut wie jede Uhr reparieren.

213 **'T APOSTELIENTJE**
Balstraat 11
Sint-Anna-Viertel ④
+32 (0)50 33 78 60
apostelientje.be

In einem romantischen Geschäft unweit der Jeruzalemkerk verkauft Anne Thys typische, von Hand gefertigte Brügger Spitze zwischen Ölgemälden, eingerahmter Spitze und alten Lampen. Zu den Kunden zählen Adelsfamilien, die eine Spitzentischdecke oder einen Vintage-Schal erstehen wollen.

214 CHOCOLATE BROTHERS

Mariastraat 34
Altstadt ②
chocolatebrothers.be

2017 kamen drei Schokoladenhersteller bei einer Reise nach Costa Rica auf die Idee, zusammen einen Laden zu eröffnen. In dem ehemaligem Geschäft für Spitze mit den herrlichen Bodenfliesen installierten sie alte Apparaturen, um die Kunst der Schokoladenherstellung zu demonstrieren. Ihr Ziel ist nicht nur der Verkauf, sondern auch die Verbesserung der Lebensumstände der Produzenten.

215 THE BOX BRUGGE

Academiestraat 14
Altstadt ①
+32 (0)474 50 83 88

In mehreren Räumen der Poortersloge aus dem 15. Jahrhundert stellen heimische Designer ihre Erzeugnisse aus, darunter Modedesigner, Fotografen und Grafiker. Empfehlenswert, wenn Sie auf der Suche nach einem originellen Mitbringsel sind.

211 FREDERIEK VAN PAMEL

5 Adressen für
KUNSTHANDWERK

216 **MAUD BEKAERT**
Sint-Clarastraat 40
Sint-Gillis-Viertel ③
+32 (0)475 26 95 58
maudbekaert.be

Die talentierte Bildhauerin Maud Bekaert hat sich auf Lettern in Stein und rostigem Stahl spezialisiert. In einem kleinen Atelier in einer Seitenstraße meißelt sie Wörter in Blöcke aus belgischem Blaustein. Sie fertigt zudem stilvolle Hausnummern und sogar Grabsteine. Ihr Geschäft ist nur freitags und samstags geöffnet.

216 MAUD BEKAERT

217 ADOLPHE SAX & CIE

Krakeleweg 2
Vororte ⑦
+32 (0)497 55 55 85
adolphesax.be

Karel Goetghebeur war Bestattungsunternehmer, bevor er 2012 auf Saxofone umsattelte. Er erwarb die Rechte am Namen Adolphe Sax & Cie und stöberte eine Fabrik auf, die authentische Instrumente herstellen konnte. Sein Ausstellungsraum ist ein freundlicher, relaxter Ort voller antiker und moderner Saxofone. Schauen Sie einfach mal auf einen Plausch vorbei, spielen Sie eines der Instrumente oder leihen Sie sich eines aus.

218 SIMBOLIK

Katelijnestraat 139
Süd-Brügge ⑤
+32 (0)495 30 70 56
simbolik.be

Nathalie Belprez ist eine der vielen talentierten Menschen in Brügge, die gern mit den Händen arbeiten. Ihr Atelier liegt in der Nähe des Stadttors, wo sie von Hand Kalligrafie auf Papier, Stein oder Leinentücher überträgt.

219 SHOERECRAFTING

Langestraat 13
Sint-Anna-Viertel ④
+32 (0)50 33 81 01
shoerecrafting.be

Luc Decuyper eröffnete seine Schusterei im Jahr 1989, nachdem er die Kunst der Lederverarbeitung in der Fabrik von Delvaux in Brüssel erlernt hatte. Hier in seiner Werkstatt repariert er voller Sorgfalt und unter Verwendung traditioneller Techniken Lederschuhe.

220 ALFA PAPYRUS

Eekhoutstraat 25
Altstadt ②
+32 (0)50 33 03 12
alfapapyrus.be

Ein kleiner Laden mit einem alten Verkaufstresen, Holzregalen und vielen Schubläden zum Rausziehen. Hier bekommt man elegante Notizbücher, handgefertigtes Papier, Geschenkpapier, Stempel und witzige Postkarten.

60 BEEINDRUCKENDE BAUWERKE

5 Orte mit MODERNER ARCHITEKTUR

221 **CONCERTGEBOUW**
't Zand 34
't Zand-Viertel ⑥
+32 (0)50 47 69 99
concertgebouw.be

Der umstrittenste Neubau Brügges ist das rostrote Concertgebouw, das 2002 von den Genter Architekten Paul Robbrecht und Hilde Daem entworfen wurde. Während des Concertgebouw Circuit kann man hinter die Kulissen schauen und mehr über Architektur, Akustik und die Künste erfahren.

222 **COLLEGE OF EUROPE**
Verversdijk 16
Altstadt ①
+32 (0)50 47 71 11
coleurope.eu

Örtliche Denkmalschützer waren in heller Aufregung, als 2007 das College of Europe der Rückseite der Jesuitenschule aus dem 17. Jahrhundert einen modernen Anbau hinzufügte. Das vom Brüsseler Architekten Xaveer de Geyter entworfene schlichte Konstrukt beruht auf den geometrischen Mustern weißer Zementplatten.

223 **STADTBIBLIOTHEK SINT-ANDRIES**
Gistelsesteenweg 524
Vororte ⑦
+32 (0)50 72 70 50

2015 entwarfen die Antwerpener Architekten vom Studio Farris diesen atemberaubenden, modernen Anbau mit rostigem Cortenstahl für ein Bibliotheksgebäude aus dem 19. Jahrhundert.

224 **RIJKSARCHIEF**
Predikherenrei 4-A
Altstadt ②
+32 (0)50 33 72 88
arch.be

Die Brügger Architekten Salens Architecten haben das 2012 eröffnete »Reichsarchiv« entworfen. Das wellenförmige Dach auf dem roten Backsteinhaus erinnert an einen Stapel zerknüllter Papiere. Im daran anschließenden ehemaligen Kloster werden Ausstellungen gezeigt.

225 **GROENINGEMUSEUM**
Dijver 12
Altstadt ②
+32 (0)50 44 87 43
visitbruges.be

Das Groeninge-Kunstmuseum aus den 1930er-Jahren wurde 2003 vom Brüsseler Architekturbüro 51N4E neu gestaltet. Die weißen Wände und knallroten Teppiche sind visuell auffallend und stellenweise schockierend – aber flämische Kunst wollte noch nie gefällig sein.

223 STADTBIBLIOTHEK SINT-ANDRIES

Die 5
GEHEIMSTEN KAPELLEN

226 **ONZE-LIEVE-VROUW-VAN-BLINDEKENS-KAPEL**
Kreupelenstraat 8
't Zand-Viertel ⑥
visitbruges.be

Die kleine Kapelle der Lieben Frau der Blinden wurde im 17. Jahrhundert an Stelle eines weitaus älteren Gebäudes errichtet. Zu bestaunen ist eine geschnitzte Madonna aus dem 15. Jahrhundert, ein Altargemälde aus dem 17. Jahrhundert mit Blinden, die zur Jungfrau Maria beten, und das im Langhaus schwebende Schiffsmodell.

227 **GRUUTHUSE-KAPELLE**
GRUUTHUSE-MUSEUM, RAUM 16
Dijver 17
Altstadt ②
visitbruges.be

Eine überdachte Passage im Gruuthuse-Museum führt zu der winzigen Privatkapelle mit Blick auf die Liebfrauenkirche. Sie wurde 1472 für Lodewijk van Gruuthuse erbaut, damit dieser die Messe besuchen konnte, ohne dafür sein Stadtpalais verlassen zu müssen. Ein geheimer, nahezu magischer Ort.

228 **KARTUIZERINNEN-KERK**
Kartuizerinnen-straat 4
Altstadt ②

Eine menschenleere Gasse führt zu der 1632 von Karthäusermönchen gestifteten Kapelle. 1927 wurde sie in ein Kriegsmahnmal umgewandelt. Später hinzugefügte Plaketten listen die Namen der Toten aus zwei Weltkriegen auf.

229 **GRIECHISCH-ORTHODOXE KAPELLE**

Ezelstraat 85
Nord-Brügge ③
+32 (0)476 49 95 77
brugge.orthodoxia.be

Eine Pforte in der Ezelstraat führt in die größtenteils unbekannte Sint-Joos-Kapelle aus dem 15. Jahrhundert. 2007 wurde sie der griechisch-orthodoxen Gemeinde übertragen. Eine Tür am hinteren Ende des Eingangsbereichs öffnet sich zu einem versteckten Garten.

230 **KAPELLE DES ENGLISCHEN KONVENTS**

Carmersstraat 83-85
Sint-Anna-Viertel ④
+32 (0)50 33 24 24
the-english-convent.be

Der von 1692 aus England geflohenen katholischen Nonnen gegründete Englische Konvent zählt zu den merkwürdigsten Orten in Brügge. Läuten Sie die Glocke im Hof, damit Ihnen eine der greisen Ordensfrauen öffnet. Sie wird Sie einen leeren Korridor hinunter in eine Barockkapelle mit eindrucksvoller Kuppel und einem Altar aus 23 seltenen Marmorarten geleiten.

226 **ONZE-LIEVE-VROUW-VAN-BLINDEKENSKAPEL**

5 beeindruckende HANDELSHÄUSER

231 **OOSTERLINGENHUIS**
Oosterlingenplein 4
Altstadt ①

Das ehemalige Handelshaus der Hanse liegt ein wenig abseits an einem ruhigen Platz. 1478 erbaut, wurde das Gebäude ursprünglich für die Lagerung von Pelzen und Getreide aus der Ostseeregion, Bier aus Bremen und Weinen aus dem Rheinland genutzt. Inzwischen wurde es restauriert, heute befindet sich hier ein Hotel.

232 **HUIS TER BEURZE**
Vlamingstraat 35
Altstadt ①
huisterbeurze.be

Das Steingebäude, das man als Ter Beurze kennt, befindet sich an der Stelle, wo früher ein Gasthaus stand, das im 13. Jahrhundert von der Familie Van der Beurse betrieben wurde. Die Schenke ist der Ursprungsort des Finanzzentrums des mittelalterlichen Brügge (woraus sich das Wort »Börse« ableitet). 1397 von venezianischen Kaufleuten übernommen, ist hier heute ein lokaler Radiosender untergebracht.

233 HUIS DE LA TORRE

Spanjaardstraat 16
Altstadt ①

Ein hohes Gebäude aus Stein mit verstärkter Fassade, das um 1500 herum von Händlern aus Kastilien erbaut wurde. Es befindet sich unweit des zwielichtigen Spaanse Loskaai, des Spanischen Kais, wo Handelswaren wie spanische Wolle, Leder und Orangen gelöscht wurden.

234 GENUESER LOGE

Vlamingstraat 33
Altstadt ①

Das Genueser Handelshaus, 1399 erbaut, hat sich erstaunlicherweise unversehrt bis in die heutige Zeit gerettet. Ursprünglich nutzten es Kaufleute, die mit Obst, Gewürze und Alaun handelten. Doch die Genueser zogen schließlich nach Antwerpen um, und das Gebäude wurde für andere Zwecke genutzt. So diente es als Gewandhaus, Hotel, Literatursalon und Kino. Heute befindet sich hier das Frietmuseum (Pommes-Museum).

235 HOF BLADELIN

Naaldenstraat 19
Altstadt ①
+32 (0)472 01 74 51
visitbruges.be

Peter Bladelins wunderschöne Villa aus dem 15. Jahrhundert versteckt sich hinter einer hohen Backsteinmauer, doch den geheimen Renaissance-Heckengarten kann man wunderbar links vom Eingang durch das Eisengitter erspähen. Das Haus wurde im späten 15. Jahrhundert von den Medici gekauft.

5

VERSTECKTE ARMENHÄUSER

236 **GODSHUIS SINT-JOZEF**
Nieuwe Gentweg 24-32
Begijnhof-Viertel ⑤

Das Godshuis Sint-Jozef ist eines von 46 Armenhäusern in Brügge und wurde im 17. Jahrhundert erbaut. Die Gärten, die von der Straße aus durch hohe, weiß getünchte Mauern verdeckt sind, sind mit alten Bäumen, Rosenbeeten und niedrigen Buchsbaumhecken bepflanzt.

237 **ROOMS CONVENT**
Katelijnestraat 9-19
Begijnhof-Viertel ⑤

Die kleine Rundbogentür in der geschäftigen Katelijnstraat wird oft übersehen. Dahinter führt eine überdachte Gasse zum ältesten Armenhaus von Brügge. 1330 gegründet, gewährte das Rooms Convent in seinen winzigen Häusern ursprünglich bis zu sieben bedürftigen Frauen Obdach.

238 **GODSHUIS DE FONTAINE**
Zwarte Leertouwersstraat 82
Astridpark-Viertel ②

Ein kleiner Eingang führt in den stillen Garten, der von weiß getünchten Häusern und einer Kapelle umstanden ist. Graf Paul-Bernard de la Fontaine gründete 1636 dieses Armenhaus für zwölf kriegsversehrte Soldaten und Veteranen.

239 **GODSHUIS DE MOOR**
Boeveriestraat 52-62
Süd-Brügge ⑤

Diese dreizehn hübschen weißen Häuser wurden 1480 vom Magistratsmitglied Donaas de Moor und seiner Gattin Adriana de Vos erbaut und an Mitglieder der Gilden der Zimmerleute, Maurer und Küfer übergeben. Jede dieser Gilden bekam drei der Häuser, die vier übrigen gingen an das Sint-Juliaan-Hospiz.

240 **GODSHUIS MARIUS VOET**
Kammakers-straat 13-17
't Zand-Viertel ⑥

Die drei zusammenstehenden Häuser wurden 1672 von Marius Voet gestiftet, um drei erblindeten Frauen Obdach zu bieten. Die Gebäude wurden mit dem Wappen der Familie Voet geschmückt, auf dem drei Füßchen zu sehen sind, eine Anspielung auf das Wort *voet* (Fuß).

236 GODSHUIS SINT-JOZEF

5 sehenswerte

VERGESSENE KIRCHEN

241 **JERUZALEMKERK**
Peperstraat 3
Sint-Anna-Viertel ④
+32 (0)50 33 88 83
www.adornes.org

Diese mysteriöse Privatkapelle wurde 1429 von der Familie Adornes nach dem Vorbild der Jerusalemer Grabeskirche erbaut und zeigt auf zwei Etagen Familienerbstücke, eine ausgefallene Kreuzigungsszene und in einer finsteren Krypta eine Kopie der Jesusgruft.

242 **SINT-BASILIUSKAPEL**
Burg
Altstadt ②

Eine Pforte in der Ecke des Burgplatzes führt zu dieser alten, dem heiligen Basilius gewidmeten Kapelle. Die Besucher der oberen Kapelle mit der Heilig-Blut-Reliquie übersehen sie meist. Aus rauem Stein im romanischen Stil gefertigt, ist diese untere Kapelle eher düster und geheimnisvoll.

243 **SINT-WALBURGA-KERK**
Sint-Maartensplein
Altstadt ①

Mit dem Bau dieser riesigen Barockkirche wurde 1619 begonnen, und sie gehört zu den drei in Flandern vom Jesuiten-Architekten Peter Heyssens im Stil der römischen Kirche Il Gesù erbauten Gotteshäusern. Die Kanzel, 1667 vom Antwerpener Artus Quellin entworfen, ist besonders beeindruckend.

244 MAGDALENAKERK

Schaarstraat
Astridpark-Viertel ②

Der britische Baumeister Thomas Harper King entwarf 1853 die Magdalenakerk. Er folgte dabei den neugotischen Prinzipien des britischen Architekten A.W. Pugin. Heute wird das Gotteshaus gelegentlich für Kunstausstellungen genutzt.

245 SINT-ANNAKERK

Sint-Annaplein
Sint-Anna-Viertel ④

Die schlichte Sint-Annakerk mit ihrem schmalen Turm liegt an einem ruhigen Platz. Das düstere Innere ist im Stil des Barock mit Holz vertäfelt, und es gibt einen hübschen Lettner aus Marmor. Andere Kirchen in Brügge wirken oft vernachlässigt, doch hier werden die Bronzeeinlassungen mit Energie regelmäßig poliert.

Die 5
ÄLTESTEN HÄUSER

246 GENTHOF 7

Genthof 7
Altstadt ①

Das um das Jahr 1500 erbaute Gebäude ist eins von nur zwei typischen Brügger Häusern mit originaler Holzfassade. Alle anderen sind Kopien. Dieses hier hat mit seinen geschwärzten Holzbohlen die letzten 500 Jahre unbeschadet überstanden.

247 HOLZHAUS IN KORTEWINKEL

NEBEN:
Kortewinkel 2
Altstadt ①

Der historische Bau hat eine authentische Holzfassade aus dem 16. Jahrhundert – doch keine Eingangstür. Der Eingang befindet sich um die Ecke an der Rückseite. Man erreicht ihn über ein Tor in der Vlamingstraat 90.

248 DE ZOMERE

Oude Zomerstraat 2
Altstadt ②

Eine Nebenstraße führt zu einem hohen schmalen Haus mit einem gemeißelten Stein, der auf das Erbauungsjahr 1479 verweist. Das De Zomere ist eines der wenigen authentischen Gebäude, die die Zeit seit dem Mittelalter überdauert haben. Der heutige Besitzer, ein Kalligrafie-Sammler, hat den wunderschön behauenen Stein neben dem Eingang hinzugefügt.

249 **OUD WATERHUIS**
NAHE:
Hendrik
Consciencelaan 25
't Zand-Viertel ⑥

Im 16. Jahrhundert zählte das heute vergessene Oud Waterhuis zu den sieben Wundern von Brügge. Das 1394 errichtete Bauwerk schöpfte Wasser aus einem Graben, um damit alle Wasserpumpen und Brunnen der Stadt zu versorgen.

250 **HUIS JACOB CNOOP**
Vlamingstraat 51
Altstadt ①

Dieses außergewöhnliche spätgotische Haus wurde 1516 für den Goldschmied Jacob Cnoop erbaut, dessen Tochter mit dem Maler Gerard David vermählt war. Es hat den vielleicht auffälligsten Giebel von ganz Brügge.

248 **DE ZOMERE**

Die 5
ROMANTISCHSTEN BRÜCKEN

251 **LEEUWBRUG**
Leeuwstraat
Altstadt ①

In einem abgelegenen, vergessenen Viertel befindet sich mit dieser Steinbrücke eine der wohl schönsten Überführungen der Stadt. Sie ist mit zwei großen Löwen aus dem Jahr 1629 verziert, die in ihren Pranken Schilde mit dem Buchstaben B für Brügge halten. Die Löwenbrücke selbst ist um einiges älter als die Figuren.

251 **LEEUWBRUG**

252 **MEEBRUG**
Steenhouwersdijk
Altstadt ②

Diese uralte Steinbrücke wurde 1390 von Jan van Oudenaerde erbaut. Der Blick von der Brücke zählt zu den romantischsten der Stadt, besonders nach Einbruch der Dunkelheit, wenn die Straßen meist menschenleer sind.

253 **SLEUTELBRUG**
Beenhouwersstraat
't Zand-Viertel ⑥

Nur wenige spazieren den stillen Kanal entlang, der zur Sleutelbrug führt. Die alte Steinbrücke, die neben der Speelmanskapel (Spielmannskapelle) gelegen ist, geht auf das Jahr 1331 zurück. Sie erhielt ihren Namen von der hier früher ansässigen Brauerei De Sleutel (Der Schlüssel).

254 **AUGUSTIJNENBRUG**
Augustijnenrei
Altstadt ①

Die älteste Brücke von Brügge, die Augustijnenbrug, ist eine hübsche dreibogige Steinbrücke, die 1391 gebaut wurde, um den Augustinermönchen einen bequemen Zugang zur Stadt zu ermöglichen. Sie ist eine der vielen historischen Brücken mit Steinbänken, wo Brügger Händler früher an trockenen Tagen ihre Waren feilboten.

255 **DUINENBRUG**
Langerei
Sint-Gillis-Viertel ③

Die Duinenbrug liegt an einem ruhigen Abschnitt des Langerei-Kanals und ist eine außergewöhnliche Zugbrücke aus Holz, die angehoben werden kann, um Boote passieren zu lassen. Ihren Namen erhielt sie von der benachbarten Duinenabdij (Duinen-Abtei).

5 *eindrucksvolle*

STADTMAUERRESTE

256 **DIE ERSTE STADTMAUER**
Augustijnenrei
Altstadt ①

Ein kurzer Abschnitt der ursprünglichen Stadtmauer von 1127 hat sich entlang der Augustijnenrei erhalten, in einem Hausgarten finden sich noch Überreste eines Backsteinturms. Der Vordereingang liegt in der Pieter Pourbusstraat 3.

257 **EZELPOORT**
Ezelstraat 122
Nord-Brügge ③
visitbruges.be

Von den Verteidigungsanlagen des 13. Jahrhunderts haben sich nur vier Steintore und der Stadtgraben erhalten. Der Rest wurde im 19. Jahrhundert abgetragen, um einen Grüngürtel anzulegen. Das 1297 erbaute trutzige »Eselstor« wurde 1369 neu errichtet, seine zwei massiven Rundtürme heben sich imposant aus dem Graben hervor.

258 **KRUISPOORT**
Langestraat 191
Ost-Brügge ④
visitbruges.be

Das Kruisport wurde 1401 von Jan van Oudenaerde und Maarten van Leuven erbaut. Eine (neue) Steinplakette mit gotischen Schriftzeichen berichtet davon, dass deutsche Truppen am 19. Oktober 1918 durch dieses Tor aus der Stadt flohen.

259 GENTPOORT

Gentpoortvest
Süd-Brügge ⑤
+32 (0)50 44 87 43
visitbruges.be

Wie das Kruispoort wurde auch das Gentpoort 1401 von Jan van Oudenaerde und Maarten van Leuven gebaut. Ursprünglich überwachte es die Handelsstraße von Gent nach Brügge. Heute ist es ein ruhiges Plätzchen inmitten der begrünten Wallanlagen.

260 SMEDENPOORT

Smedenstraat
't Zand-Viertel ⑥
visitbruges.be

Das solide Smedenpoort bewacht seit 1368 einen der Hauptzufahrtswege der Stadt. Es wurde 1944 von der Wehrmacht zerstört, originalgetreu wiederaufgebaut und gestrichen – so wie es wohl im Mittelalter ausgesehen hätte. Das Tor war schon immer ein Nadelöhr für den Verkehr, vor Kurzem kamen zwei Fußgängerbrücken hinzu.

260 SMEDENPOORT

Die 5 seltsamsten Überreste
VERSCHWUNDENER GEBÄUDE

261 **SINT-DONAAS-KATHEDRAAL**
UNTER DEM CROWNE PLAZA HOTEL
Burg 10
Altstadt ②
+32 (0)50 44 68 44

Der staubige Flecken an der Nordseite des Burgplatzes war einst der Standort der prächtigen Sint-Donaas-Kathedrale. Sie wurde 1799 von französischen Republikanern abgerissen, die damit im Herzen der Stadt einen traurige Lücke hinterließen. Nur die Fundamente aus dem 11. Jahrhundert haben sich im Keller des Crowne Plaza Hotels erhalten. Fragen Sie an der Rezeption nach dem Weg.

262 **PRINSENHOF**
HOTEL DUKES'ZPALACE
Prinsenhof 8
Altstadt ②
+32 (0)50 44 78 88
hoteldukespalace.com

Der Prinsenhof war im 15. Jahrhundert Schauplatz zweier bemerkenswerter burgundischer Bankette. Das erste, im Jahr 1430, markierte die Hochzeit von Philipp dem Guten mit Isabella von Portugal. Das zweite, 38 Jahre später, fand anlässlich der Vermählung von Karl dem Kühnen mit Margareta von York statt. Der Palast wurde im 19. Jahrhundert im Stil der französischen Neugotik wiederaufgebaut, von der ursprünglichen Pracht ist nichts mehr zu sehen.

263 **ZUIDPOORT**
Blinde Ezelstraat 1
Altstadt ②

Die meisten, die die Blinde Ezelstraat hinunterspazieren, übersehen die Wandplakette mit der Aufschrift *Dit was 't Zuidpoort* (»Dies war das Südtor«). Nur ein eiserner Torriegel an der Wand ist davon übrig geblieben.

264 **WATERHALLE**
Arentshof
Altstadt ②

Die prachtvolle, 1786 abgerissene Waterhalle aus dem 13. Jahrhundert wurde über einem Kanal erbaut, um das Löschen der Flachbodenboote zu erleichtern. Alles, was man heute davon noch sehen kann, sind zwei unmarkierte Steinsäulen im kleinen Park Arentshof.

265 **TURM DER ARMBRUSTSCHÜTZEN**
Sint-Jorisstraat 71
Sint-Gillis-Viertel ③

Das einzige Überbleibsel des Gildehauses der Armbrustschützen ist ein einzelner Steinturm aus dem Jahr 1508. Heute ist er Teil eines neugotischen Gebäudes mit Türmchen, Giebeln und Schlösschen.

263 ZUIDPOORT

Die 5 verblüffendsten NACHBAUTEN

266 BONIFACIUSBRUG
Arentshof
Altstadt ②

Das bucklige Brückchen ist stadtbekannt. Mit dem Kanal, der sanft die bröckligen Backsteinfundamente umspült, zählt es zu den meistfotografierten Bauwerken in Brügge. Die Brücke sieht zwar alt aus, wurde jedoch erst 1910 im Mittelalter-Stil erbaut. In das Mauerwerk sind sogar Grabsteine eingelassen.

266 BONIFACIUSBRUG

267 **PROVINCIAAL HOF**
Markt 3
Altstadt ②

Das extravagante weiße Steingebäude am Standort der alten Waterhalle sieht zwar mittelalterlich aus, wurde jedoch zwischen 1887 und 1921 errichtet. Der ansässige Architekt Louis Delacenserie ließ sich vom Gruuthuse und dem Rathaus inspirieren.

268 **VLAMINGSTRAAT 38**
Vlamingstraat 38
Altstadt ①

Das Haus mit der schwarzen Holzfront sieht mittelalterlich aus – es wurde allerdings erst 1963 von einem Brügger Architekten errichtet. Als Vorbild diente das Gebäude in Pieter Pourbus' Porträt der Jacqueline Buuck im Groeningemuseum.

269 **RIJKSNORMAAL-SCHOOL**
Sint-Jorisstraat 69-71
Sint-Gillis-Viertel ③

Eines der merkwürdigsten Bauwerke in Brügge liegt am Platz der ehemaligen Armbrustschützengilde. Das von Louis Delacenserie in den 1880er-Jahren entworfene Gebäude kombiniert eine neugotische Backsteinfront mit üppigen schmiedeeisernen Details. Der düstere Bau ist heute Teil der Universität.

270 **HISTORIUM**
Markt 1
Altstadt ②
+32 (0)50 27 03 11
historium.be

Das graue Steinhaus des Historicums sieht aus, als wäre es schon etliche Jahrhunderte alt. Doch es ist nicht viel echter als die Virtual-Reality-Erfahrung, die man drinnen erleben kann. Das Gebäude wurde in den 1920er-Jahren im Stil der burgundischen Gotik erbaut, die im Brügge des 15. Jahrhunderts allgegenwärtig war.

5
EXZENTRISCHE BAUWERKE

271 **LUCAS-HUYS**
Minderbroeders-
straat 10
Astridpark-Viertel ②

Das mysteriöse Lucas-Haus wurde aus Teilstücken anderer Bauwerke zusammengesetzt. Ein Rätselvers auf Niederländisch, der in Goldlettern an der Wand steht, beginnt mit: »Hier baute ich / diese flämische Behausung / für einige eine Freude / für andere ein Leid.«

272 **ZWART HUIS**
Kuipersstraat 23
Altstadt ①
+32 (0)50 69 11 40
bistrozwarthuis.be

Der verblasste Schriftzug CINEMA ist an dem alten gotischen Gebäude, das als »Schwarzes Haus« bekannt ist, immer noch zu entziffern. Das Haus wurde 1482 als prunkvolle Wohnstätte eines Kaufmanns errichtet und 1919 in ein Kino umgewandelt. Der letzte Film flackerte 2017 über die Leinwand.

273 **HAUS DES GOLDSCHMIEDS**
Vlamingstraat 100
Altstadt ①

Ein reich geschmücktes Erkerfenster ragt deutlich aus einem Haus unweit der Vlamingbrug heraus. Dieses herrliche Beispiel für flämische Backsteingotik wurde 1514 vom Goldschmied Herman van Oudvelde in Auftrag gegeben, der vermutlich am Fenster gearbeitet und dabei den Kanal betrachtet hat.

274 **GOTISCHER SCHORNSTEIN**

Noordstraat
Begijnhof-Viertel ⑤

Ein hoher gotischer Schornstein ist alles, was vom alten Begardenkonvent übrig geblieben ist. Gestützt von einer Mauer, ist er heute Teil des neugotischen Flügels der Städtischen Kunstakademie aus dem 19. Jahrhundert. Der winzige Innenraum wird gelegentlich von Kunststudenten genutzt.

275 **HAUS MIT DEN DRACHENKÖPFEN**

Sint-Amandsstraat 7
Altstadt ②

Das dunkle Backsteinhaus, das wie ein Bollwerk aussieht, stammt aus dem 13. Jahrhundert. Es wurde 1573 und im 19. Jahrhundert neu aufgebaut und mit Schießscharten, merkwürdigen Spionagespiegeln sowie einem Eisengeländer mit Drachenköpfen ergänzt.

273 **HAUS DES GOLDSCHMIEDS**

Die 5

VERRÜCKTESTEN BRÜCKEN

276 **KANAALEILAND-BRÜCKE**
Bargeweg
Süd-Brügge ⑤

Das Kanaalleiland war einst ein trostloser Ort, an dem überwiegend Bustouristen abgesetzt wurden. Im Jahr 2002 beschloss man, hier einen beeindruckenden Zugang zur Stadt zu schaffen, ähnlich einem mittelalterlichen Stadttor. Die Rotterdamer Architekten von West 8 kamen auf die kühne Idee, für den alten Stadtgraben eine bogenförmige rote Metallbrücke zu entwerfen.

277 **CONZETT-BRÜCKE**
Boninvest
Süd-Brügge ⑦

Im Jahr 2002, als Brügge Kulturhauptstadt Europas war, errichtete man eine Reihe von modernen Bauwerken, darunter die auffällige neue Fußgängerbrücke am hinteren Ende des Coupure-Kanals. Die vom Schweizer Architekten Jürg Conzett entworfene Brücke kann angehoben werden, um Booten die Durchfahrt zu ermöglichen.

278 **KRANKENHAUS-BRÜCKE**
Zonnekemeers
Begijnhof-Viertel ⑤

Eine seltsame überdachte Holzbrücke über eine stille Kopfsteinpflastergasse in der Nähe des Sint-Janshospitaals. Sie sieht aus wie ein mittelalterliches Tor mit zwei Türmen, stammt aber aus dem Jahr 1938. Sie wurde erbaut, um Krankenhauspatienten zu einer Klinik auf der anderen Straßenseite zu bringen. Die Rampe wurden in den 1990er-Jahren abgerissen, sodass die Brücke heute nicht mehr zu benutzen ist.

279 **GRUUTHUSEKAPEL-BRÜCKE**
GRUUTHUSE-MUSEUM, SAAL 13
Dijver 17
Altstadt ②
visitbruges.be

Die kleine Brücke überspannt eine enge Gasse zwischen dem Gruuthuse und der Onze-Lieve-Vrouwekerk. Sie wurde 1472 erbaut, damit die Familie Gruuthuse bequem zu ihrer Privatkapelle in der Kirche gelangen konnte, ohne dass sie dafür vor die Tür treten musste.

280 **SCHEEPSDALE-BRÜCKE**
Scheepsdalelaan
Vororte ⑦

Eine atemberaubende moderne Kippbrücke, die man 2011 auf dem Schiffskanal nördlich von Brügge eingeweiht hat. Sie ersetzt eine historische rotierende Eisenbrücke, die trotz erheblicher Proteste abgerissen worden ist. Die neue Brücke ist besonders bei Nacht eindrucksvoll, wenn sie erleuchtet ist.

305 **GROENEREI**

60 ORTE, WO SIE BRÜGGE ENTDECKEN

5 VERSTECKTE PARKS

281 **PARK SEBRECHTS**
NEBEN
Oude Zak 55 und
Beenhouwersstraat 24
Altstadt ①

Kaum jemand kennt diesen Park hinter dem verlassenen Haus eines Arztes. Die Grünanlage wurde 1980 von der Stadt gekauft, hier finden sich mächtige Bäume, ein Kinderspielplatz und ein Eisentor, durch das man zu einem ruhigen Kanal gelangt. Lassen Sie sich bei Ihrem Spaziergang vom Blick auf die gotischen Kirchen und alten Türme überraschen.

282 **PASTOOR VAN HAECKEPLANTSOEN**
NEBEN
Ezelstraat 123
Nord-Brügge ③

Dieser Park ist ein echter Geheimtipp, selbst für Einheimische. Er gehört zu einer großen Stadtvilla, in der einst ein Richter wohnte. Das Haus wurde in den 1960er-Jahren abgerissen, um Platz für Wohnungen zu schaffen. Zurück blieben nur dieser überwucherte Garten und ein kleiner, dunkler Teich. Die Anlage ist nach einem exzentrischen Pastor benannt, der in der Nähe Teufelsaustreibungen betrieb und schwarze Messen besuchte.

283 KONINGIN ASTRIDPARK

Park
Astridpark-Viertel ②

Der Koningin Astridpark wurde 1852 im englischen Landschaftsstil an der Stelle eines abgerissenen Klosters angelegt. Mit dem blau-gelben Konzertpavillon, den gewundenen Spazierwegen und Teichen ist dies einer der romantischsten Parks von Brügge.

284 GENTPOORTVEST

Gentpoortvest
Süd-Brügge ⑤

Die meisten Touristen lassen die idyllische Grünanlage neben dem Stadtgraben links liegen. Der älteste Teil wurde 1853 auf dem Gelände der ehemaligen Wehranlagen angelegt. Die Arbeit wurde vom belgischen Landschaftsgärtner Egidius Rosseels überwacht, der die Stadt bereits mit seiner Gestaltung für den Koningin Astridpark beeindruckt hatte.

285 SINCFAL

Calvariebergstraat
Sint-Gillis-Viertel ③

Dieser stille Park liegt am Rand der Altstadt und ist mit seinem alten Baumbestand, den gewundenen Gehwegen und einem Bach einfach zauberhaft. Er ist von hübschen Backsteinhäusern umstanden, die in den 1970er-Jahren von einer Wohnungsbaugenossenschaft errichtet wurden.

5 ÜBERRASCHENDE AUSBLICKE

286 GODSHUIS-SPANOGHE-GARTEN
Katelijnestraat 8
Begijnhof-Viertel ⑤

Eine Seitenstraße der Katelijnestraat führt Sie zu einem fast unbekannten Ort. Hinter dem Tor gelangen Sie zu den weiß getünchten Armenhäusern, die 1680 von Francisca Spanoghe gegründet wurden. Sie überschauen einen kleinen Park am Kanalufer, von wo aus man einen unerwarteten Blick auf die uralten Backsteinwände des Sint-Janshospitaal erhascht.

287 GRUUTHUSE-BELVEDERE
GRUUTHUSE-MUSEUM
Dijver 17
Altstadt ②
museabrugge.be

Besucher des Gruuthuse-Museums haben vom gotischen Belvedere aus einen unerwarteten Blick auf Brügge. Lodewijk van Gruuthuse, der im 15. Jahrhundert den Stadtpalast bewohnte, ließ den Aussichtspunkt bauen, um das Anlanden der Boote am Steg unten beobachten zu können. Die Aussicht erinnert an ein flämisches Gemälde.

288 **SINT-JANSHUYS-MOLEN**
Kruisvest 3
Sint-Anna-Viertel ④

Touristen verlassen eher selten das Stadtzentrum, doch es lohnt sich, diesen zehnminütigen Spaziergang Richtung Osten zu unternehmen. Hier steht eine historische Windmühle auf den Wallanlagen, und von dort hat man einen fantastischen Blick über die Brügger Dächer und Türme. Das Panorama umfasst die Liebfrauenkirche, die Sint-Salvatorkathedraal, den Belfort sowie eine alte Bogenschießanlage.

289 **PASSAGE BOURGOENSCH CRUYCE**
ZWEIGT AB BEI
Wollestraat 35
Altstadt ②

Eine Gasse, die von der viel befahrenen Wollestraat abgeht, führt zu einem kleinen Innenhof mit einem herrlichen Blick über den Kanal hinweg auf die historischen Häuser rund um den Burgplatz. In dem weißen Gebäude auf der gegenüberliegenden Seite befindet sich das berühmte Restaurant Duc de Bourgogne.

290 **HISTORIUM-TURM**
Markt 1
Altstadt ②
+32 (0)50 27 03 11
historium.be

Dieser Aussichtspunkt liegt hoch über dem Markt auf einem Turm, ein enges Treppenhaus mit 145 Steintreppen führt nach oben. Der Aussichtspunkt wurde 1921 im Stil der Poortersloge aus dem 15. Jahrhundert erbaut, von hier bietet sich ein eindrucksvoller Rundblick über die Altstadt. Aber dafür muss man die engen Treppen in Kauf nehmen.

5 charmante
GEHEIME GÄRTEN

291 **MUSEUMSGARTEN**
GROENINGEMUSEUM
Dijver 12
Altstadt ②
+32 (0)50 44 87 43
visitbruges.be

Eine Oase im Herzen der Altstadt. Der Garten des Groeningemuseums liegt an der Stelle einer mittelalterlichen Abtei, die 1803 abgerissen wurde und an die heute nur noch das Tor zur Eekhoutstraat und ein mysteriöser gotischer Torbogen erinnern.

292 **RODE-NONNEN-GARTEN**
Katelijnestraat 115
Süd-Brügge ⑤

Um diesen völlig unbekannten Garten hinter hohen Backsteinmauern kümmerten sich früher die Schwestern des Heiligen-Erlöser-Konvents (Rote Nonnen). 2018 wurde er in einen öffentlichen Park umgewandelt, der mit alten Bäumen, einer Kapelle und einem Aussichtspavillon aufwarten kann. Von Sonnenauf- bis Sonnenuntergang offen.

293 **GRAUWWERKERS-STRAAT-GÄRTEN**
GEGENÜBER DER
Grauwwerkers-straat 31
Altstadt ②

Die meisten Privatgärten in Brügge bleiben unsichtbar, doch in der Grauwwerkersstraat kann man eine Reihe von zehn kanalseitigen Gärten bewundern. Die Besitzer haben die winzigen Grundstücke auf unterschiedliche Art genutzt.

294 **HOF DE JONGHE**

Langerei 75
Sint-Gillis-Viertel ③

Eine enge Gasse führt zu diesem beschaulichen, vergessenen Park. Der Hof de Jonghe ist mit Apfelbäumen bepflanzt und Heimat von drei blökenden Schafen.

295 **DIE HAUSRUINE**

Pottenmakersstraat 18
Altstadt ①

Das baufällige Haus in einer ruhigen Straße wurde von einer ansässigen Guerilla-Gärtnerin übernommen, die nur wenige Türen weiter wohnt. Lange Zeit war das Haus ein Müllabladeplatz, doch die Anwohnerin hat das Gebäude mithilfe von Wandbeschriftungen und einem Kräutergarten an der Fassade in einen romantischen Ort verwandelt.

295 DIE HAUSRUINE

Die 5
SCHMALSTEN GASSEN

296 **DE VETTE VISPOORT**
Moerstraat 10
Altstadt ①

Eine enge Passage, die von der Moerstraat abgeht, führt zu dem versteckten Armenhaus De Vette Vispoort aus dem 15. Jahrhundert. Gehen Sie bis zum Ende durch, hier bietet sich ein schöner Blick auf den Kanal.

297 **KIPSTRAAT**
Altstadt ①

Eine der schmalsten Gassen von Brügge schlängelt sich zwischen hohen Backsteinmauern und einer profanisierten Jesuitenkirche aus dem 19. Jahrhundert hindurch. Es ist ein Rätsel, warum sie »Hühnerstraße« genannt wird.

298 **STROSTRAAT**
Sint-Anna-Viertel ④

Diese geheimnisvolle gepflasterte Gasse verläuft zwischen alten Backsteinmauern in der Nähe der Sint-Annakerk. Die Mauern sind zu hoch, um zu erkennen, was sich dahinter verbirgt. Doch gelegentlich erhascht man durch ein geöffnetes Tor einen Blick in einen geheimen barocken Garten. Halten Sie Ausschau nach den Grabsteinen, die man als Bodenpflaster verwendet hat.

299 HEMELRIJK

Sint-Anna-Viertel ④

Wenn man in die enge Hemelrijk-Gasse einbiegt, fühlt es sich beinah so an, als ob man die Stadt hinter sich gelassen hätte. Die letzte Kiesstraße Brügges führt vorbei an hohen Backsteinmauern und alten Straßenlaternen aus Eisen, einer Landstraße nicht unähnlich.

300 STOOFSTRAAT

Süd-Brügge ⑤

Jeder Tourist kämpft sich irgendwann durch die überfüllte Katelijnestraat. Doch nur wenige biegen auch in die Stoofstraat ein. Die Gasse wurde nach den mittelalterlichen Badestuben, *stoven*, benannt, die sich hier einst befanden. Eine Informationstafel erzählt von der Geschichte dieser Orte, die wohl eher Bordelle und weniger Badehäuser waren.

5

RUHIGE KANÄLE

301 **AUGUSTIJNENREI**
Altstadt ①

Der Augustijnenrei ist einer der schönsten Kais in Brügge. Einst bildete er die nördliche Begrenzung der Stadt. Der Name leitet sich von der Augustinerabtei ab, deren Kapelle von wohlhabenden spanischen und italienischen Kaufleuten genutzt wurde. Das Kloster wurde nach der Französischen Revolution abgerissen, nur ein kleiner Platz mit Linden blieb.

302 **GOUDEN-HANDREI**

302 GOUDEN-HANDREI
Sint-Gillis Quarter ①③

Brügge verfügt bis heute über ein Netzwerk aus Kanälen, die aus der Zeit stammen, als die Stadt ein bedeutender Seehandelshafen war. Zu den romantischsten zählt der Gouden-Handrei, ein vergessener Wassergraben, an dessen gegenüberliegenden Seite die Häuser pittoresk am Wasser stehen.

303 COUPURE
Ost-Brügge ②④

Der breite, schnurgerade Coupure-Kanal wurde 1753 angelegt. Er wird von schlichten Gebäuden, Jachten und Booten gesäumt und hat eine ganz andere Atmosphäre als die älteren Bereiche der Stadt. Die Einheimischen erinnert er an den Süden Frankreichs.

304 SPEELMANSREI
't Zand-Viertel ⑥

Kaum jemand kennt diesen überwucherten Kanalabschnitt im Westen der Stadt. Der Name stammt von einer kleinen Backsteinkapelle aus dem 15. Jahrhundert, die einst von der Spielmannsgilde genutzt wurde.

305 GROENEREI
Altstadt ②

Nur zehn Gehminuten vom Zentrum entfernt liegt dieser ruhige Kanal, der zu den romantischsten der Stadt zählt. Den besten Blick genießt man von der Peerdebrug, der Pferdebrücke, in Richtung Belfort. Der Wasserlauf ist nach Einbruch der Dunkelheit sogar noch atmosphärischer, dann erstrahlen die alten Bäume und Kletterpflanzen im Schein der Laternen.

5 VERGESSENE STADTVIERTEL,

die man erkunden sollte

306 **VERLOREN HOEK**
STARTPUNKT
Sint-Annakerk
Sint-Anna-Viertel ④

Die »Verlorene Ecke« liegt am Rande der Stadt, fernab der üblichen Touristenströme. Ein ruhiges, unentdecktes Viertel mit bescheidenen Arbeiterhäuschen, weißen Armenhäusern und versteckten religiösen Institutionen. Die auffälligsten Wahrzeichen hier sind drei hölzerne Windmühlen, die auf den Wallanlagen den Wind einfangen.

307 **SINT-GILLIS-VIERTEL**
STARTPUNKT
Sint-Gilliskerk
Sint-Gillis-Viertel ③

In den ruhigen Straßen rund um die Sint-Gilliskerk kann man leicht den Menschenmengen entfliehen. Die meisten Gebäude in diesem Viertel sind Arbeiterhäuser aus dem 16. Jahrhundert. Der Künstler Hans Memling erstand 1480 ein Haus in der Sint-Jorisstraat. Er wurde 1494 neben der Sint-Gilliskerk bestattet.

308 **SINT-ANNA-VIERTEL**
STARTPUNKT
Sint-Annakerk
Sint-Anna-Viertel ④

Die ruhigen Straßen rund um die Sint-Annakerk konnten sich ihren unverfälschten Brügger Charakter bewahren. Hier entdecken Sie das echte Brügge, wo die Leute seit Generationen leben. Die mit Kopfstein gepflasterten Gassen im Schatten der Kirche werden von Arbeiter- und Armenhäusern gesäumt. Der seltsame Turm der Jeruzalemkapel trägt zum geheimnisvollen Ambiente des Viertels bei.

309 **BEURSPLEIN-VIERTEL**
STARTPUNKT
Smedenpoort
't Zand-Viertel ⑥

Eine ruhige, vergessene Ecke in Brügge liegt westlich von 't Zand. Da es keine Sehenswürdigkeiten zu bieten hat, verirrt sich kaum ein Tourist hierher. Trotzdem hat das bescheidene Viertel mit seinen historischen Armenhäusern, den Kapellen und einem idyllischen Park auf den Wehranlagen einen ganz eigenen Charme.

310 **KANAAL GENT-BRÜGGE**
STARTPUNKT
Bargeweg
Süd-Brügge ⑤

Das alte Industrieviertel am Brügge-Gent-Kanal ist den meisten unbekannt. Dieser Teil der Stadt mit seinen ruhigen Treidelpfaden, Eisenbrücken und riesigen Schiffen, die auf dem Weg nach Zeebrugge sind, lässt sich gut zu Fuß oder mit dem Fahrrad erkunden. Zu den imposantesten Bauwerken zählen das La-Brugeoise-Kraftwerk von 1912, heute ein Veranstaltungszentrum, sowie das Eisenbahnwerk von Bombardier.

5

ÜBERRASCHENDE SKULPTUREN

311 **OBDACHLOSER JESUS**
Stalijzerstraat 19
Astridpark-Viertel ②

2017 platzierte man eine befremdlich wirkende Skulptur direkt vor die Magdalenakerk: Sie stellt einen obdachlosen, auf einer Parkbank schlafenden Jesus dar. Es ist die Kopie einer Plastik des kanadischen Bildhauers Timothy Schmalz aus Toronto.

312 **MICHELANGELOS MADONNA**
ONZE-LIEVE-VROUWEKERK
Mariastraat
Altstadt ②
+32 (0)50 44 87 11
visitbruges.be

Diese winzige Skulptur von Michelangelo wurde 1506 vom Kaufmann Jan Mouscron nach Brügge gebracht, der sie von einem zahlungsunfähigen Italiener erhalten hatte. Die Figur wurde 1503, kurz nach der Pietà geschaffen und veranschaulicht Michelangelos weichen und besonnenen Stil der frühen Jahre.

313 **DE GELIEFDEN**
Burg
Altstadt ②

Das Künstlerpaar Stefaan Depuydt und Livia Canestraro schuf 2002 dieses Bronzedenkmal zweier Liebender im Zentrum von Brügge. Sie steht in der Nähe des Stadhuis (Rathaus), wo sich viele Paare das Ja-Wort geben. Zu Füßen der Figuren ist in mehreren Sprachen das Wort »Liebe« eingraviert.

314 MARIEKE
Coupure
Ost-Brügge ④

Die von Bäumen beschattete Bronzestatue zeigt das Mädchen Marieke aus Jacques Brels Lied von 1961. Hierin heißt es, sie lebe »zwischen den Türmen von Brügge und Gent«. 1988 überredete ein ansässiger Journalist die Stadt, diese Figur der Marieke in einem Sommerkleid mit Glöckchen an den Ohren aufzustellen. Wenn der Winter naht, ziehen die Anwohner der jungen Dame gern wärmere Kleidung an.

315 ONZE-LIEVE-VROUW MET DE INKTPOT
Burg
Altstadt ②

Die ungewöhnliche Skulptur an einer Ecke des Stadhuis stellt »Unsere Liebe Frau mit dem Tintenfass« dar. Als Schutzheilige der Schreiber schützt sie auch die Beamten, die im Rathaus arbeiten. Die Statue von 1960 ersetzt das verloren gegangene Original.

311 OBDACHLOSER JESUS

5 *wunderschöne*
KALLIGRAFIEN

316 **SONNENUHR**
Jeruzalemstraat 57
Sint-Anna-Viertel ④
pieterboudens.be

Vor über 40 Jahren erweckte der Steinmetz Pieter Boudens die alte Kunst des Letternschnitzens in Stein wieder zum Leben. 2002 erschuf er eine elegante Sonnenuhr, die heute die Außenwand eines Sozialamts ziert. Die Inschrift lautet *Alleen de schaduw sluipt verder* (Nur der Schatten kriecht voraus).

317 **KALLIGRAFIE-TORE**
Begijnenvest
Begijnhof-Viertel ⑤

Der in Brügge wohnhafte amerikanische Kalligraf Brody Neuenschwander entwarf die Buchstaben eines Gedichts, das man in zwei schmiedeeiserne Tore in der Nähe des Begijnhofs gestanzt hat. Die Torflügel wurden 2004 in eine Backsteinmauer aus dem 19. Jahrhundert eingesetzt, die vom Architekten Louis Delacenserie errichtet wurde. Die Lücken in den Eisenplatten geben den Blick auf einen Privatgarten frei, der zu einem Wohnheim gehört.

317 **KALLIGRAFIE-TORE**

318 **DIE GLASKUGEL**
Ezelstraat 81
Nord-Brügge ③

Ein schlichtes Backsteinhaus in der Ezelstraat ist seit einer Renovierung durch das Wohnungsamt im Jahr 2004 mit einer eigenwilligen Inschrift verziert: *De wereld is een bol van glas* (Die Welt ist eine Glaskugel) steht dort in wunderschönen Lettern geschrieben, wobei besagte Glaskugel das Wort *bol* ersetzt.

319 **NICHTS NEUES**
Greinschuurstraat 15
't Zand-Viertel ⑥

Er is niets nieuws zonder de zon (Es gibt nichts Neues unter der Sonne) steht in Stein auf einer Hauswand in West-Brügge verewigt. Die Zeile stammt aus dem Gedicht *Winter* des flämischen Dichters Herman de Coninck. Die Arbeit wurde 2006 vom Präsidenten der örtlichen Wohnungsbaugenossenschaft enthüllt.

320 **ICH PUSTE DEN MOND AUS**
Wervershof 11
Begijnhof-Viertel ⑤

Eine Gasse im Begijnhof-Viertel führt zum Wervershof-Komplex aus weiß getünchten Arbeiterhäusern, die an Ort einer Festung aus dem 19. Jahrhundert errichtet wurden. Die Gebäude wurden 1996 von der Wohnungsbaugenossenschaft Domus Flandria restauriert. Eine Steinplatte mit den eingravierten Zeilen eines Gedichts wurde hinzugefügt: *Ik blaas de maan uit en alleen de klaprozen geven licht* (Ich puste den Mond aus, und einzig die Mohnblumen spenden Licht).

Die 5

UNGEWÖHNLICHSTEN SCHREINE

321 **ANNAATJE VAN 'T PITJE-SCHREIN**
Carmersstraat 84
Sint-Anna-Viertel ④

Dieser außergewöhnliche katholische Schrein gedenkt eines Wunders: Ein Mädchen wurde in der Nähe in einen Brunnen geworfen, doch das Wasser am Boden war zu Eis gefroren, sodass das Kind die Tortur überlebte. Eine Frauenfigur im zeitgenössischen Gewand zeigt auf das Kruzifix, daneben birgt ein Kasten die Jungfrau mit Kind, und der reich verzierte Holzbaldachin schützt vor Regen.

321 ANNAATJE VAN 'T PITJE-SCHREIN

322 O.L.V. VAN EEUWIG DURENDE BIJSTAND

Groeninge 65
Begijnhof-Viertel ⑤

Dieser Schrein ist Unserer Lieben Frau von der immerwährenden Hilfe gewidmet: »Für jeden, der hier vorbeigeht / zu Fuß oder zu Pferde / bete ein ›Gegrüßet seist Du, Maria‹«. Aber passen Sie auf, wenn Sie hier Halt machen! Die enge Straße wird gern von Pferdekutschen befahren.

323 AVE MARIA

Peerdenstraat
Altstadt ①

In der streng katholischen Stadt Brügge gibt es unzählige kleinere Marienfiguren, darunter dieses wunderschöne Beispiel neben der Steinbrücke Peerdenbrug. Oftmals begleitet von den Worten »Ave Maria«, stammen diese Statuen aus einer Zeit, als die Jungfrauenverehrung in Flandern weit verbreitet war.

324 MADONNA IM BLAUEN MANTEL

Pater Damiaanstraat 2
Nord-Brügge ①

An einem schmalen Eckhaus aus dem 16. Jahrhundert ist diese Hausmadonna in einem schützenden neugotischen Holzkasten zu finden. Die Maria Immaculata trägt ein kornblumenblaues Kleid und tritt ungerührt auf eine Schlange, die die Erbsünde verkörpert.

325 PLAKETTE

Poitevinstraat 2
Altstadt ①

Das Fliesenbild der Kreuzigungsszene wurde 1900 von der Fliesenfabrik Helman in Brüssel gefertigt und ersetzt ein Gemälde von 1866, das an ein 200 Jahre davor geschehenes Wunder gedachte, als die Pest eingedämmt wurde. Das Bild schuf der Brügger Künstler Henri de Graer.

5 KLEINE MUSEEN,
die einen Besuch wert sind

326 **HEILIG-BLUT-MUSEUM**
Burg 13
Altstadt ②
+32 (0)50 33 67 92
holyblood.com

Das neugotische Heilig-Blut-Museum (Museum van het Heilig Bloed) zeigt kostbare Beispiele aus dem Kirchenschatz. Höhepunkt ist der Große Heilig-Blut-Schrein aus dem Jahr 1617 des Brügger Silberschmieds Jan Crabbe, der zur Aufbewahrung der Heilig-Blut-Reliquie diente. Hier sehen Sie auch die Krone der Maria von Burgund aus dem 15. Jahrhundert.

327 **VOLKSMUSEUM**
Balstraat 43
Sint-Anna-Viertel ④
+32 (0)50 44 87 43
museabrugge.be

Das nostalgische Volksmuseum befindet sich in acht nebeneinander liegenden weißen Armenhäusern, die im 17. Jahrhundert als Unterkunft für pensionierte Schuster diente. Die winzigen Räume sind heute mit rekonstruierten Inneneinrichtungen ausgestattet, darunter ein Klassenzimmer, eine Apotheke, ein Lebensmittelgeschäft, ein Puppentheater und eine typisch flämische Kneipe: In De Zwarte Kat.

327 VOLKSMUSEUM

328 ARENTSHUIS

Dijver 16
Altstadt ②
+32 (0)50 44 87 43
museabrugge.be

Das kleine Arentshuis-Museum ist in einem Haus aus dem 18. Jahrhundert zu finden, das über dem Dijver-Kanal errichtet wurde. Hier wird eine Sammlung von Zeichnungen und Gemälden des Künstlers Frank Brangwyn gezeigt, Sohn eines im 19. Jahrhundert aktiven britischen Architekten, der sich in Brügge niedergelassen hatte. Brangwyn hinterließ 400 seiner Arbeiten »zum Gedenken an meine Liebe für diese wunderbare Stadt«.

329 FRIETMUSEUM

Vlamingstraat 33
Altstadt ①
+32 (0)50 34 01 50
frietmuseum.be

Eines der skurrilsten Museen der Stadt befindet sich in einem gotischen Gebäude von 1399. Wo einst Kaufleute aus Genua handelten, rief der einheimische Unternehmer Eddy van Belle ein cartoonartiges Museum ins Leben, das sich der frittierten belgischen Kartoffel widmet. Van Belle gehört auch das Schokoladenmuseums und das Lumina-Domestica-Museums, das seine Privatsammlung alter Lampen zeigt.

330 ONZE-LIEVE-FROUWEKERK-MUSEUM

Mariastraat
Altstadt ②
+32 (0) 50 44 87 11
museabrugge.be

Die Liebfrauenkirche wurde liebevoll restauriert und strahlt nun wieder in reinstem Weiß. Ein Teil der Kirche dient jetzt als Museum, wo man die Gruuthuse-Kapelle von unten bewundern kann, ebenso wie reich verzierte Burgunder Grabmale, Renaissance-Gemälde und Michelangelos Brügger Madonna.

5

UNERWARTETE PLAKETTEN

331 DANTES INFERNO

Academiestraat 1
Altstadt ①

Der Florentiner Dichter Dante wird auf der Wand eines Gebäudes zitiert, das im 15. Jahrhundert von Kaufleuten aus Florenz genutzt wurde. Die Zeile stammt aus dem *Inferno*, wo ein Detail der Hölle mit einem Deich verglichen wird, der von den Flamen zwischen Brügge und Wissant erbaut wurde.

332 CHARLES FRYATT

Kazernevest 4
Ost-Brügge ④

Um den kleinen Gedächtnispark neben dem Gericht zu finden, muss man ein wenig suchen. Er gedenkt den zwölf Belgiern und einem britischen Zivilisten, die die Deutschen hier im Ersten Weltkrieg hingerichtet haben. Die Einschusslöcher wurden unverändert in der Backsteinwand als ständiges Mahnmal für die Opfer belassen. Darunter Charles Fryatt, Kapitän der SS *Brussels*, der für den Versuch, ein U-Boot zu versenken, exekutiert wurde.

333 GEORGES RODENBACH

Jan Van Eyckplein 8
Altstadt ①

Vielleicht haben Sie an dieser Stelle eine Statue von Georges Rodenbach erwartet, dessen Roman *Das tote Brügge* unzählige Touristen in die Stadt geführt hat. Doch in Wahrheit gibt es hier nicht viel zu sehen, nur eine kleine versteckte Bronzeplakette an den Stufen des Hauses De Rode Steen. Sie wurde 1948 von den Nachkommen angebracht, obwohl der Autor niemals hier war.

334 LUFTANGRIFF-MAHNMAL

Balsemboomstraat
Ost-Brügge ④

Ein ungewöhnliches Kriegerdenkmal an einer Hauswand nennt die Namen und das Alter von siebzehn Anwohnern, die in der Nacht des 17. Oktober 1917 bei einem britischen Luftangriff ums Leben gekommen sind. Die Bomben hatten eigentlich den deutschen Baracken gegolten, verfehlten jedoch ihr Ziel. Elf Häuser wurden zerstört, siebzehn Menschen, darunter sechs Mitglieder der Familie Janssen, starben.

335 KARL II. VON ENGLAND

Hoogstraat 6
Altstadt ②

Eine überraschende Steinplakette findet sich an der Seitenmauer des Hotels Casselbergh. Darauf steht, dass der junge britische König Karl II. zusammen mit zwei Brüdern drei Jahre seines Exils hier verbracht hat. Während des Aufenthalts wurde er Ehrenmitglied der ansässigen Schützengilde und gründete die Grenadier Guards.

Die 5 besten Orte, um etwas über BRÜGGES GESCHICHTE zu erfahren

336 **GRUUTHUSE-MUSEUM**
Dijver 17c
Altstadt ②
+32 (0)50 44 87 43
museabrugge.be

In diesem spektakuläre Museum, einem frisch renovierten Palast aus dem 15. Jahrhundert, stehen überall Kanonen – der Besitzer war Waffenhändler. Das Museum erzählt die Geschichte Brügges mittels einer umfangreichen Sammlung von Gemälden, Karten, Gobelins, archäologischen Funden und alten Touristenführern.

337 **STADHUIS**
Burg 12
Altstadt ②
+32 (0)50 44 87 43
visitbruges.be

Nur wenige Touristen verirren sich in das Rathaus aus dem 14. Jahrhundert, obwohl im oberen Stock im großen Saal mit der wunderschönen Holzdecke in den zwölf großen Wandgemälden von 1895 mit romantischem Blick die Stadtgeschichte erzählt wird.

338 **SINT-JANSHOSPITAAL**
Mariastraat 38
Begijnhof-Viertel ⑤
+32 (0)50 44 87 43
visitbruges.be

Das um 1150 am Ufer eines Kanals erbaute Sint-Janshospitaal ist eines der ältesten Krankenhäuser der Welt. In den weitläufigen Gebäuden wurden bis in die 1960er-Jahre Patienten behandelt. Heute beherbergen die Räume ein interaktives Museum, das sich der Geschichte des Gesundheitswesens in Brügge widmet.

339 **OUDE BEURSPLEIN**
Vlamingstraat 33-35
Altstadt ①

Die Börse hat ihren Ursprung in einem Wirtshaus aus dem 13. Jahrhundert, an dessen Schild drei Börsen angebracht waren. Bekannt als *beurs*, zog es vor allem Kaufleute aus Spanien und Italien an. Im 15. Jahrhundert hatte es sich zu einer der größten Drehscheiben für den mittelalterlichen Handel entwickelt.

340 **MUSEUM ADORNES**
Peperstraat 3
Sint-Anna-Viertel ④
+32 (0)50 33 88 83
adornes.org

Das unbekannte kleine Privatmuseum der Familie Adornes wurde 2014 in den eigenen winzigen weißen Armenhäusern eröffnet. Die Familie war im 13. Jahrhundert von Genua nach Brügge übergesiedelt. Das Hauptaugenmerk liegt auf Anselm Adornes, einem führenden Kaufmann, Diplomaten und Kunstmäzen, der 1483 in Schottland ermordet wurde.

338 SINT-JANSHOSPITAAL

 MARIA VON BURGUND

30 ORTE FÜR DEN KULTURGENUSS

Die 5 besten Adressen, um FLÄMISCHE KUNST zu sehen

341 **GROENINGEMUSEUM**
Dijver 12
Altstadt ②
+32 (0)50 44 87 43
museabrugge.be

Die Kunstsammlung des Groeningemuseums umfasst herausragende Werke der Altniederländischen Malerei des 15. Jahrhunderts, darunter Werke von Jan van Eyck, Pieter Pourbus und Hans Memling. Zur Sammlung gehören auch melancholische flämische Symbolisten-Gemälde des 19. Jahrhunderts sowie Beispiele von Marcel Broodthaers verdrehtem Surrealismus.

342 **SINT-JANSHOSPITAAL**
Mariastraat 38
Begijnhof-Viertel ⑤
+32 (0)50 44 87 43
visitbruges.be

Die Kapelle neben dem Sint-Jans-hospitaal beherbergt sechs Gemälde des im 15. Jahrhundert tätigen Künstlers Hans Memling. Vier davon wurden für das Hospital gemalt, wo Memling einige Zeit Patient war.

343 **SINT-JAKOBSKERK**
Sint-Jakobsplein 1
Altstadt ①

Die Sint-Jakobskerk ist voll mit Bildern, die im 15. Jahrhundert von Kaufleuten gestiftet wurden. Manchmal kann man sich einem ehrenamtlichen Führer anschließen, der die Geheimnisse der in sich verdrehten Barocksäulen lüftet.

344 **SCHATZKAMMER DER KATHEDRALE**
Steenstraat
Altstadt ②
+32 (0)50 33 61 88
sintsalvator.be

Die Schatzkammer der Kathedrale ist am Nachmittag für nur wenige Stunden geöffnet. Zu besichtigen sind flämische Gemälde, Skulpturen, Reliquien und Relikte. Viele der Arbeiten wurden aus der ehemaligen Kathedrale am Burgplatz gerettet, als diese nach der Französischen Revolution abgerissen wurde.

345 **ONZE-LIEVE-VROUW TER POTTERIE**
Potterierei 79b
Sint-Anna-Viertel ③
+32 (0)50 44 87 43
museabrugge.be

Dieses stille, vergessene Museum liegt am Potterierei-Kanal. Die alten Räume des ehemaligen Hospitals sind bis obenhin mit erstaunlichen Objekten gefüllt, darunter ein neugotisches Mausoleum des heiligen Idesbald, eine Madonna aus dem 14. Jahrhundert und Gemälde im Stil der Antwerpener Manieristen aus dem 17. Jahrhundert.

342 SINT-JANSHOSPITAAL

5 inspirierende KULTURERLEBNISSE

346 **CACTUS CLUB**
MAGDALENAZAAL
Magdalenastraat 27
Vororte ⑦
cactusmusic.be

Der Cactus Club bringt die besten Rock- und Popbands aus ganz Europa nach Brügge. Derzeit verfügt der Club über keine festen Räumlichkeiten, doch oft wird der Magdalenazaal in den Vororten angesteuert. Die Stadt plant eine tolle neue Cactus Konzerthalle mit Café in Bahnhofsnähe auf dem Kanaalleiland-Gelände. Die Realisierung wird sich allerdings wohl noch Jahre hinziehen.

347 **CARILLON-KONZERTE**
Markt 7
Altstadt ②
carillon-brugge.be

Der städtische Glöckner steigt mehrmals die Woche zu einer Kammer an der Spitze des Belfort auf, um von dort das Carillon, das Turmglockenspiel, zu spielen. Die 47 Glocken erklingen an drei Vormittagen, im Sommer zusätzlich an zwei Abenden. Manchmal schleicht sich eine bekannte Melodie ein. Als David Bowie 2016 verstarb, spielte der Carilloneur als Tribut *Space Oddity*.

348 STADSSCHOUWBURG

Vlamingstraat 29
Altstadt ①
+32 (0)50 44 30 60
ccbrugge.be

Das prächtige Stadttheater im Neurenaissance-Stil des 19. Jahrhunderts wurde von der Pariser Oper inspiriert. Die prunkvollen Räume sind mit Gold, roten Samtstühlen und eleganten Lampen ausgestattet – leider werfen nur wenige Touristen einen Blick ins Innere. Auf dem Programm stehen flämische Theaterstücke und moderner Tanz.

349 CINEMA LUMIÈRE

Sint-Jakobsstraat 36
Altstadt ①
+32 (0)50 34 34 65
lumierecinema.be

Filmfans lieben dieses charmante Independent-Kino im Herzen von Brügge. Eine alternative Filmverleihfirma präsentiert hier in drei Sälen Indie-Filme von internationalen Regisseuren. Einer davon ist mit seinen nur 60 Sitzplätzen besonders gemütlich. Nach der Vorführung kann man sich im Café über den Streifen austauschen.

350 TRIËNNALE

triennalebrugge.be

Die Stadt organisiert alle drei Jahre dieses wichtige Kunstfestival, bei dem innovative und oftmals radikale Ideen vorgestellt werden. Die Triënnale geht über mehrere Monate und umfasst Kunstinstallationen, experimentelle Architektur, Ausstellungen und Begegnungen. Das nächste Festival ist für 2024 geplant.

Die 5 besten Adressen mit
STREET-ART

351 **MARIA VON BURGUND**
Hauwerstraat 3
't Zand-Viertel ⑥

Viel Street-Art gibt es in Brügge nicht zu entdecken, aber man kann eine Handvoll Arbeiten des Projekts Legendz aufstöbern. Dazu gehört ein Porträt der Maria von Burgund des Künstlers Jeremiah Persyn, der unter dem Straßennamen Jamz Jamezon arbeitet. Es tauchte 2017 an der Seitenmauer des NH-Hotels auf.

352 **DSCHUNGEL**

352 **DSCHUNGEL**

Baron Ruzette-laan 260
Vororte ⑦
wietseart.tumblr.com

Der Straßenkünstler Wietse Hindryckx erschafft wunderschöne Wandbilder in Schwarz-Weiß, oft mit japanisch inspirierten Motiven oder exotischen Tieren. Seine Arbeit *Dschungel* von 2017 zeigt den Künstler auf einem Pfad im kambodschanischen Urwald.

353 **GESICHT EINER FRAU**

't Zand 2
't Zand-Viertel ⑥
strook.eu

Der Street-Art-Künstler Stefaan de Crook, der seine Werke mit dem Namen Strook signiert, hat in Brügge eine Reihe von Arbeiten mit Holz aus Abrisshäusern geschaffen. 2017 baute er aus den braun-grünen Planken eines Klosters das Gesicht einer Frau auf der Wand eines Restaurants am 't Zand.

354 **WANDBILD UNTERFÜHRUNG**

Unter der Ringstraße
Bargeweg
Süd-Brügge ⑤
stanslabbinck.com

Frank Slabbinck kreiert fröhliche, farbenfrohe Bilder, die Cartoonkunst und Surrealismus miteinander verbinden. 2002 fertigte er ein großes Wandbild in einer Beton-Unterführung in der Nähe eines Busparkplatzes. Dabei unterstützte ihn sein Sohn Stan, der ebenfalls Street-Art-Werke in den vergessenen Ecken der Stadt anfertigt.

355 **DREI JAPANERINNEN**

Baron Ruzette-laan 182
Vororte ⑦

Eine weitere Arbeit des lokalen Street-Art-Künstlers Wietse auf der Rückseite eines Geschäfts zeigt in Schwarz-Weiß drei fernöstliche Damen in traditionellem Gewand. Am besten sieht man die Japanerinnen vom Treidelpfad am Westufer des Brügge-Gent-Kanals aus.

5

UNGEWÖHNLICHE GEMÄLDE *mit Bezug zu Brügge*

356 **PORTRÄT EINER DAME**
MEMLINGMUSEUM
Mariastraat 38
Begijnhof-Viertel ⑤
+32 (0)50 44 87 43
visitbruges.be

Dieses Porträt wird nach der Inschrift im unteren Bildteil auch *Sibylla Sambetha* genannt. Das Schriftband zitiert eine Stelle im Alten Testament, in der die persische Sybille die Ankunft Christi vorhersagt. Die junge Frau, die für das Bild Modell stand, war vermutlich die Tochter des Brügger Bürgermeisters Willem Moreel und seiner Gattin Barbara van Vlaenderbergh.

357 **URTEIL DES KAMBYSES**
GROENINGEMUSEUM
Dijver 12
Altstadt ②
+32 (0)50 44 87 43
visitbruges.be

Das grausige Gemälde von Gerard David aus dem Jahr 1498, das zeigt, wie ein korrupter Richter bei lebendigem Leib gehäutet wird, lässt sich nur schwer wieder aus dem Gedächtnis verbannen. Das Opfer ähnelt stark dem Stadtbeamten Pieter Lanchals, der nach einer gescheiterten Revolte gegen Maximilian von Österreich auf dem Markt gefoltert und geköpft wurde.

358 **RETABEL DES HEILIGEN NIKOLAUS**
GROENINGEMUSEUM
Dijver 12
Altstadt ②
+32 (0)50 44 87 43
visitbruges.be

Das Retabel des heiligen Nikolaus vom Meister der Lucialegende zeigt den beliebten Schutzpatron als segnenden Bischof. Im Hintergrund ist die Stadt Brügge dargestellt, man sieht mehrere bekannte Sehenswürdigkeiten, darunter das Minnewater, die Liebfrauenkirche und die Jeruzalemkerk.

359 **PORTRÄTS VON JAN VAN EYEWERVE UND JACQUEMYNE BUUCK**
GROENINGEMUSEUM
Dijver 12
Altstadt ②
+32 (0)50 44 87 43
visitbruges.be

Das 1551 von Pieter Pourbus gemalte Hochzeitsporträt entstand, als der Auftraggeber Jan 29 und seine junge Braut erst 19 Jahre alt waren. Mehrere Wahrzeichen der Stadt sind zu erkennen wie zum Beispiel der Stadtkran, die Kraanplein und die Vlamingstraat, das wirtschaftliche Zentrum der Stadt.

360 **GEHEIM-WIDERSPIEGELUNG**
GROENINGEMUSEUM
Dijver 12
Altstadt ②
+32 (0)50 44 87 43
visitbruges.be

Fernand Khnopffs Geheim-Widerspiegelung ist eine rätselhafte symbolistische Arbeit aus dem Jahr 1902, die die Seitenansicht des Sint-Janshospitaals und dessen Spiegelung im Wasser des Kanals zeigt. Im runden Bild darüber ist eine mysteriöse Frau zu sehen, die einer Maske den Mund verschließt.

5 *interessante*

KUNSTGALERIEN

361 **ABSOLUTE ART GALLERY**
Dijver 4-5
Altstadt ②
+32 (0)50 49 10 12
absoluteartgallery.com

Die Absolute Art Gallery organisiert Ausstellungen mit jungen belgischen und internationalen Künstlern. Neben Gemälden werden Fotografien, Skulpturen und Installationen ausgestellt. Halten Sie Ausschau nach den Porträts von Lita Cabellut und den verrückten surrealistischen Arbeiten von Stéphane Halleux.

362 **BLACK SWAN GALLERY**
Langerei 24
Sint-Gillis-Viertel ③
+32 (0)475 83 94 72
blackswangallery.be

Diese Kunstgalcric widmet sich seit 2017 den sperrigen Arbeiten talentierter Jungkünstler. Sie wurde benannt nach einem schwarzen Schwan, der 2014 auf den Kanälen auftauchte und für Aufsehen in der Bevölkerung sorgte. Ein Anlaufpunkt für alle Liebhaber zeitgenössischer Kunst in Brügge, nur am Wochenende geöffnet.

363 **PINSART**
Genthof 21
Altstadt ①
+32 (0)50 67 50 66
pinsart.be

Diese zeitgenössische Galerie in einem Giebelhaus aus dem 16. Jahrhundert widmet ihre spannenden Ausstellungen einheimischen Jungkünstlern, deren Arbeiten in weißen Räumlichkeiten und einem Videosaal präsentiert werden.

364 A-INTERNATIONAL GALLERY

Braambergstraat 14
Altstadt ②
ainternationalgallery.com

Diese Galerie für zeitgenössiche Kunst residiert in einem kühnen roten Gebäude am Fischmarkt und stellt Gemälde und Skulpturen von etablierten internationalen Künstlern sowie Newcomern aus. Vielleicht verlieben Sie sich in eine Arbeit von Emil Nolde, James Ensor oder Berlinde De Bruychere.

365 KOEN BROES

Nieuwe Gentweg 49
Begijnhof-Viertel ⑤
+32 (0)50 33 37 74
broes.be

Koen Broes fördert seit den 1980er-Jahren junge, relativ unbekannte Künstler. In Räumen aus dem 18. Jahrhundert präsentiert er eine persönliche Auswahl an Drucken und Grafiken. Die fröhlichen Arbeiten sind an den Kamin gelehnt, auf Knäueln platziert oder auf einem Tisch zwischen Kunstbüchern gestapelt.

363 **PINSART**

Die 5 besten FILME *und* BÜCHER, die in Brügge spielen

366 **DAS TOTE BRÜGGE**
Wollestraat
Altstadt ②

Der 1892 in Paris veröffentlichte Fin-de-Siècle-Roman *Das tote Brügge* von Georges Rodenbach erzählt die Geschichte eines Engländers, der nach dem Tod seiner Frau nach Brügge zieht. Als er die verlassenen Straßen erkundet, verliebt er sich in eine Schauspielerin, die er am Ende im Zorn tötet. Das Buch lockte Tausende von Touristen in die Stadt, die mit eigenen Augen die Melancholie der Straßen erleben wollten.

367 **BRÜGGE SEHEN … UND STERBEN?**
Park
Astridpark-Viertel ②

Die schwarze Komödie *Brügge sehen … und sterben?* von 2008 wurde an verschiedenen Orten gedreht. Der Film gilt als Sensation, denn die Vorstellung, einen Krimi in Brügge zu drehen, erschien abwegig. Das Ergebnis schmeichelt der Stadt nicht gerade, doch jeder, selbst das Tourismusbüro, liebt den verrückten irischen Humor.

368 **THE WHITE QUEEN**

Heilige-Geeststraat
Altstadt ②

Die britische Fernsehserie *The White Queen* aus dem Jahr 2013 spielt zwar im England des 15. Jahrhunderts, viele Szenen wurden jedoch in Brügge gdreht. Zu den Schauplätzen zählen die Heilige-Geeststraat (Londoner Straße), die Heilig-Blut-Basilika (Tower of London), das Stadhuis (Westminster Hall) und das B&B Nuit Blanche (Taverne, Kammer).

369 **GESCHICHTE EINER NONNE**

Sint-Annarei 22
Sint-Anna-Viertel ④

Fred Zinnemann nutzte verschiedene Schauplätze in Brügge für seinen Film *Geschichte einer Nonne* von 1959. Der Streifen erzählt den Werdegang einer jungen Nonne, gespielt von Audrey Hepburn, die Missionarin in Belgisch-Kongo wird. Einige der wichtigsten Szenen wurden im herrlichen Rokokohaus am Sint-Annarei- Kanal gedreht.

370 **PK - ANDERE STERNE, ANDERE SITTEN**

Minnewaterpark
Süd-Brügge ⑤

Die unglaublich erfolgreiche Bollywood-Romanze *PK* wurde 2014 teilweise in Brügge produziert. Im Blockbuster-Film gibt es Szenen, die im Minnewater Park, am Markt und auf mehreren Kanälen gefilmt wurden. Der Regisseur sagte dazu: »Die gesuchte Unschuld und den Charme fanden wir in Belgien.«

387 **BLICK AUS DEM NUIT BLANCHE**

30 ORTE ZUM ÜBERNACHTEN

Die 5 besten Unterkünfte
DIREKT AM KANAL

371 **CANAL DELUXE**
Moerstraat 24
Altstadt ①
+32 (0)475 46 67 22
canaldeluxe.com

Eine fabelhafte Unterkunft mit Kanalblick in einem Armenhaus aus dem 17. Jahrhundert am Ende einer winzigen Gasse gegenüber der Sint-Jakobskerk. Die vier Zimmer überraschen mit Fachwerk, Truhen und Kaminfeuer. Die Besitzer Tine und Maria geben gerne Restauranttipps und verwöhnen die Gäste mit Extras wie selbst gebackenem Kuchen.

372 **BONIFACIUS**
Groeninge 4
Altstadt ②
+32 (0)50 49 00 49
bonifacius.be

Die Pension liegt unweit des Gruuthuse-Museums in erstklassiger Lage direkt am Wasser. Der einstige Wagenschuppen aus dem 16. Jahrhundert wurde mit Antiquitäten und teuren Stoffen geschmackvoll restauriert: Behaglichkeit wie in einem Brügger Kaufmannshaus.

373 **HOTEL DE ORANGERIE**
Kartuizerinnenstraat 10
Altstadt ②
+32 (0)50 34 16 49
hoteldeorangerie.be

Das Luxushotel in den Räumen eines ehemaligen Klosters aus dem 15. Jahrhundert hat eine Terrasse direkt am Wasser, die den Dijver-Kanal überblickt. Die 20 Zimmer sind vom Antwerpener Designer Pieter Porters im romantischen Barockstil individuell gestaltet worden.

374 **THE PAND HOTEL**

Pandreitje 16
Altstadt ②
+32 (0)50 34 06 66
pandhotel.com

Der ehemalige Wagenschuppen aus dem 18. Jahrhundert an einem begrünten Platz unweit des Dijver-Kanals ist heute ein elegantes Hotel mit 23 Zimmern. Die Gästezimmer wurden mit Stoffen von Ralph Lauren, Antiquitäten und Gemälden eingerichtet. Im Winter knistert in der Bibliothek ein Feuer.

375 **TER DUINEN**

Langerei 52
Sint-Gillis-Viertel ③
+32 (0)50.33.04.37
terduinenhotel.be

Das kleine Hotel in der Nähe des Potterie-Museums liegt direkt am Wasser. Das Haus ist aus dem 18. Jahrhundert, und die Zimmer sind nicht groß, aber elegant und überblicken zum Teil den Langerei-Kanal. Die gastfreundlichen Besitzer verleihen Fahrräder, mit denen man die Stadt erkunden oder am Kanalufer bis nach Damme fahren kann.

5 der schönsten Hotels in HISTORISCHEN GEBÄUDEN

376 **GRAND HOTEL CASSELBERGH**
Hoogstraat 6
Altstadt ①
+32 (0)50 44 65 00
grandhotel casselbergh.com

Dieses Grandhotel unweit des Burgplatzes liegt in drei benachbarten restaurierten Häusern und ist mit alten Steinsäulen, einer eleganten Bar und einem Wellness-Center im mittelalterlichen Gewölbekeller ausgestattet. Einige der Gästezimmer sind im Altbau untergebracht, andere in einem kühnen modernen Anbau, der 2010 von den Brüsseler Architekten B2Ai entworfen wurde.

376 GRAND HOTEL CASSELBERGH

377 **HOTEL NAVARRA**
Sint-Jakobsstraat 41
Altstadt ①
+32 (0)50 34 05 61
hotelnavarra.com

Dieses attraktive Stadthaus wurde im frühen 17. Jahrhundert von Juan de Peralta, Konsul von Navarra, erbaut. Der wunderschöne Rokoko-Eingang führt in ein stilvolles Hotel, das sich viel von seinem ursprünglichen Glanz bewahrt hat.

378 **HOTEL DUKES' PALACE**
Prinsenhof 8
Altstadt ②
+32 (0)50 44 78 88
hoteldukespalace.com

Dieses neue Luxushotel befindet sich in einer neugotischen Mädchenschule auf dem Gelände des Herzogspalasts aus dem 15. Jahrhundert. Ein Hotel nebenan hat bereits den Namen Prinsenhof für sich reserviert, weshalb man sich mit Dukes' Palace zufriedengeben musste. Es ist das einzig wahre Grandhotel in Brügge, dezent und oftmals überraschend erschwinglich.

379 **HOTEL BOTERHUIS**
Sint-Jakobsstraat 40
Altstadt ①
+32 (0)50 34 15 11
boterhuis.be

Ein relaxtes, familiengeführtes Hotel in einem Gebäude aus dem 16. Jahrhundert inklusive Rundturm. Der Name spielt auf ein nicht mehr vorhandenes Haus an, wo einst Butter verkauft wurde. Die 16 flämischen Gästezimmer mit historischem Fachwerk haben auch modernes wie Klimaanlagen zu bieten.

380 **MONSIEUR ERNEST**
Wulfhagestraat 43
Altstadt ⑥
+32 (0)50 96 09 66
monsieurernest.com

Eva Vanderwalle und ihr Bruder haben ein entspanntes, modernes Hotel gegründet, wo die Gäste gerne an der Bar ins Gespräch kommen. Die einstige Brauerei aus dem 19. Jahrhundert ist nur wenige Schritte vom hübschen Speelmansrei-Kanal entfernt.

5

ZIMMER MIT AUSSICHT

381 **1669 B&B, THE LOFT**
Sint-Salvators-kerkhof 16
Altstadt ②
+32 (0)471 79 57 03
1669.be

Dieses attraktive B&B in einem Backsteinhaus von 1669 gehörte einst einem Antiquitätenhändler. Es stehen vier individuelle Zimmer zur Auswahl, darunter eine romantische Dachkammer mit Namen The Loft, luxuriös eingerichtet mit geölten Holzböden, Steinwänden, freigelegtem Fachwerk und einer antiken Badewanne. Vom Fenster hinter dem Bett hat man einen umwerfenden Blick auf die Altstadt.

382 **A ROOM WITH A VIEW, LOFT SANTAL**
Hugo Verriest-straat 10
Sint-Anna-Viertel ④
+32 (0)50 33 47 36
aroomwithaview.be

Dieses B&B liegt in einer ruhigen Straße, die mit ihren Gärten vor dem Haus fast englisch anmutet. Die drei Zimmer in dem Giebelhaus sind in einem gedeckten, zeitgenössischen Stil eingerichtet. Das romantische Dachzimmer heißt Loft Santal und schaut über die Ziegeldächer und Gärten bis zu einer Windmühle, die auf den einstigen Wehranlagen steht.

383 **BOURGOENSCH HOF, ZIMMER 20**

Wollestraat 35
Altstadt ②
+32 (0)50 33 16 45
hotelbh.be

Dieses gemütliche Hotel überblickt den attraktiven Rozenhoedkaai. Die unterschiedlich großen Gästezimmer der einstigen Brauerei sind individuell gestaltet. Für einen geringen Aufpreis übernachtet man mit Blick auf den Kanal. Empfehlenswert ist das Zimmer Nummer 20, das auf das Rathaus und dessen Garten blickt, wo der Bürgermeister seine Gäste empfängt.

384 **HOTEL ADORNES, ZIMMER 17**

Sint-Annarei 26
Sint-Anna-Viertel ④
+32 (0)50 34 13 36
adornes.be

Das Hotel Adornes verbindet drei stilvoll renovierte Giebelhäuser an einem stillen Kanal. Einige der Zimmer haben Eichenbalken, die vorderen schauen aufs Wasser. Unser Lieblingszimmer ist die Nummer 17, das mit einem atemberaubenden Blick nach Osten aufwarten kann. Dank des kostenlosen Fahrradverleihs lässt sich die Stadt bequem mit dem Drahtesel erkunden.

385 **MAISON AMODIO, KNOKKE-LE-ZOUTE-ZIMMER**

Molenmeers 22
Sint-Anna-Viertel ④
+32 (0)468 35 96 40
maisonamodio.eu

Geert und Henri haben in einem Haus aus dem 16. Jahrhundert ein herrliches B&B in Zentrumsnähe eingerichtet. Die drei Gästezimmer sind stilvoll und individuell eingerichtet, kleine Details verweisen auf ferne Reiseziele. Für einen spektakulären Altstadtblick buchen Sie am besten das Knokke-Zimmer unter dem Dach. Für Gäste stehen ein Aufenthaltsraum mit Bücherregalen sowie ein luftiger Frühstücksraum mit Blick auf den Garten im Innenhof bereit.

Die 5 ROMANTISCHSTEN B&Bs

386 **CASA ROMANTICO**
Eekhoutstraat 37
Astridpark-Viertel ②
+32 (0)50 67 80 93
www.casa-romantico.be

Der Name hält, was er verspricht: Hier erwartet den Gast Romantik pur. Die Pension liegt etwas versteckt in einer ruhigen Straße im Herzen von Brügge und ist im Strandhausstil Neuenglands eingerichtet: gebleichte Holzböden, weiße Möbel und alte Badewannen. Der ultimative Luxus ist der beheizte Pool im Garten.

387 **NUIT BLANCHE**
Groeninge 2
Altstadt ②
+32 (0)494 40 04 47
bb-nuitblanche.com

Der Künstler David De Graef hat in einem Altstadthaus diese wunderbare Herberge eröffnet. Das belgische Königspaar Albert und Paola hat hier 1959 seine Hochzeitsnacht verbracht! Die zwei Gästezimmer erinnern mit ihren alten Steinkaminen, den Buntglasfenstern und riesigen Eichenbetten an die Gemälde von Jan van Eyck. Der Blick geht auf einen ummauerten mittelalterlichen Garten und einen kleinen Kanal hinaus.

388 **HUIS KONING**
Oude Zak 25
Altstadt ①
+32 (0)476 25 08 12
huiskoning.be

Lynn Vanslambrouck eröffnete dieses schöne B&B in einem Haus aus dem 17. Jahrhundert, das hinten an einen Kanal grenzt. Die vier Gästezimmer sind in warmen, gedämpften Farbtönen eingerichtet. Jeden Morgen backt sie drei unterschiedliche Brote zum Frühstück, dazu jeden Tag einen Kuchen für den Nachmittagstee. An sonnigen Tagen wird alles auf der Terrasse am Wasser serviert.

389 **LA SUITE SANS CRAVATE**
Langestraat 126
Sint-Anna-Viertel ④
+32 (0)50 67 83 10
lasuite-bb.com

Veronique und Henk haben in einem Backsteingebäude aus dem 17. Jahrhundert gegenüber ihrem Restaurant Sans Cravate ein wunderschönes Gästehaus geschaffen. Die drei nach Rebsorten benannten Zimmer sind geschmackvoll rustikal eingerichtet. Fragen Sie nach der »Savignon Blanc Suite«, um in einem romantischen Versteck unter den Dachbalken zu schlafen.

390 **HUIS 'T SCHAEP**
Korte Vuldersstraat 14
Altstadt ②
+32 (0)50 34 06 30
huishetschaep.be

Dieses tolle Gästehaus liegt im Wohnhaus und Atelier des Brügger Künstlers Samuel Coucke, einem Kunsthandwerker des 19. Jahrhunderts, der sein Haus im neugotischen Stil mit geschnitzten Engeln, Deckenmalereien und Buntglasfenstern errichtet hatte. Der Frühstücksraum ist angefüllt mit Familienandenken der Couckes. Der jetzige Besitzer hat die reiche Dekoration wieder zum Strahlen gebracht und eine einzigartige Pension, fast ein Museum erschaffen.

Die 5 besten Adressen für

INNENDESIGN

391 **KIND OF OJ**
Guido Gezellelaan 36
't Zand ⑥
+32 (0)498 56 17 15
kindofoj.com

Jo Hoeven hat ein Häuschen aus dem 19. Jahrhundert in ein hübsches B&B voller holländischer Designobjekte und moderner Kunst verwandelt. Die drei geräumigen Suiten sind skurril mit grellen Stoffen, jeder Menge Bücher, exotischen Pflanzen und Badewannen aus Ton eingerichtet.

391 KIND OF OJ

392 **B&B ALPHABET**
Nieuwe Gentweg 19
Süd-Brügge ⑤
+32 (0)477 22 32 16
fortlapin.be

Annick Vandenbussche hat das Familienheim renoviert, die einzigartige Residenz hat eine geschwungene Holztreppe, einen sonnigen Wintergarten und einen formellen Garten zu bieten. Die zwei behaglichen Gästezimmer sind mit Antiquitäten und moderner Kunst eingerichtet und strahlen eine relaxte, wohnliche Atmosphäre aus.

393 **ZAKSKE13**
Zakske 13
Altstadt ①
+32 (0)50 67 73 99
zakske13.be

Dieses stilvolle B&B befindet sich in einer alten Fabrik am Ende einer engen Brügger *zakske* (Gasse). Trotz der Nähe zur Ezelstraat eine ruhige Lage. Die Gästezimmer sind modern mit Holzfußböden, farbenfrohen Wänden und Designerlampen gestaltet.

394 **MAISON LE DRAGON**
Eekhoutstraat 5
Altstadt ②
+32 (0)50 72 06 54
maisonledragon.be

Dieses romantische Gästehaus in einem Gebäude aus dem 16. Jahrhundert ist stilvoll mit Holzvertäfelung, Rokoko-Antiquitäten und prächtig verzierten Spiegeln möbliert. Dazu kommen ein ummauerter Garten und eine Lounge mit Kamin für kalte Winterabende.

395 **4B B&B**
Genthof 26
Altstadt ①
+32 (0)50 34 74 45
4bbrugge.be

Ein stilvolles, urbanes Gästehaus mit einer auffälligen Fassade aus rostigem Cortenstahl. Das Interieur ist mit zeitgenössischer Kunst und Pflanzen dekoriert. Ella serviert ein köstliches hausgemachtes Frühstück aus lokalen Produkten wie Kalbsbraten vom örtlichen Metzger und Ziegenkäse aus Damme.

Die 5 besten Übernachtungen für
WENIG GELD

396 **HOTEL NOTRE DAME**
Mariastraat 8
Altstadt ②
+32 (0)50 33 31 93
hotelnotredame.be

Dieses traditionelle Hotel liegt in einem weißen neoklassizistischen Gebäude und bietet spottbillige Zimmer an. Die Restaurierung der Gästezimmer hat das historische Ambiente des Hauses nicht beeinträchtigt. Einige Zimmer sind eher klein und die Treppen ziemlich steil.

397 **HOTEL FEVERY**
Collaert
Mansionstraat 3
Sint-Gillis-Viertel ③
+32 (0)50 33 12 69
hotelfevery.com

Dieses freundliche, familiengeführte Hotel besteht seit 1965. Es befindet sich im ruhigen Viertel Sint-Gillis und hat eine einladende flämische Atmosphäre. Die preiswerteren der Zimmer sind eher klein, doch gemütlich. Es gibt auch preisgünstige Familienzimmer.

398 **HOTEL GROENINGHE**
Korte Vulders-straat 29
't Zand-Viertel ⑥
+32 (0)50 34 32 55
hotelgroeninghe.be

Dieses familiengeführte Hotel in einem Altstadthaus von 1858 liegt in einer ruhigen gepflasterten Gasse. Hier erwarten Sie knarzende Dielenböden und steile Treppen und sehr bequeme Zimmer zum günstigen Preis.

399 **HOTEL GOEZEPUT**
Goezeputstraat 29
't Zand-Viertel ⑥
+32 (0)50 34 26 94
hotelgoezeput.be

Karel und Bénédicte haben dieses Kloster aus dem 19. Jahrhundert renoviert, um ein stilvolles Hotel in einem ruhigen Viertel zu eröffnen. Die Zimmer sind teils ein wenig klein, aber ansprechend und bieten moderne Duschen, Holzböden und offenes Fachwerk. Es lohnt, nach den Dachzimmern zu fragen, die einen Blick über die Dächer der Stadt erlauben.

400 **SNUFFEL**
Ezelstraat 42
Nord-Brügge ③
+32 (0)50 33 31 33
snuffel.one

Dieses coole Hostel wurde 2015 von Salens Architecten saniert und mit Gedichten ausgeschmückt, die von der Bildhauerin Maud Bekaert in rostige Stahlplatten geschnitten wurden. Ein netter Treffpunkt mit Café, Innenhof und Konzertbühne. Das Angebot reicht von Schlafsälen für bis zu sechs Personen bis zu Doppelzimmern.

400 **SNUFFEL**

50 AKTIVITÄTEN FÜR DAS WOCHENENDE

Die 5 besten

STADTSPAZIERGÄNGE

401 **WEHRANLAGEN**
STARTPUNKT
Ezelpoort
Ezelstraat
Nord-Brügge ③

Die Wehranlagen wurden im 19. Jahrhundert in einen Grüngürtel rund um die Altstadt umgewandelt. Heute kann man die geschwungenen Pfade entlangspazieren, die die alten Stadttore miteinander verbinden, zu den Windmühlen hinaufsteigen und unterwegs das ein oder andere Café besuchen. Nicht viele Touristen verirren sich hierher. Die Gesamtstrecke beträgt 7 km, fast alles auf ruhigen Fußwegen.

401 WEHRANLAGEN

402 VERSTECKTE KANÄLE

STARTPUNKT
Speelmansrei
't Zand-Viertel ⑥

Einige der Kanäle in Brügge sind gut besucht, andere liegen oftmals wie verlassen da. Beginnen Sie am stillen Speelmansrei, folgen Sie ihm bis zu einer kleinen Brücke. Biegen Sie dann in die Moerstraat, bis Sie abermals auf den Kanal auf Höhe der Ezelstraat stoßen.

403 KAUFMANNS-VIERTEL

STARTPUNKT
Vlamingstraat 35
Altstadt ①

Hier wohnten im 15. Jahrhundert die ausländischen Kaufleute. Spazieren Sie durch stille Gassen, die hohe gotische Häuser säumen, und überqueren Sie die Plätze, wo einst Seide, Gewürze und Pelze den Besitzer wechselten. Starten Sie auf dem Platz vor der einstigen Börse.

404 VERGESSENES BRÜGGE

STARTPUNKT
't Zand
't Zand-Viertel ⑥

Eine ruhige, vergessene Ecke von Brügge können Sie hinter dem Platz 't Zand entdecken: kleine Armenhäuser, gemütliche Restaurants und lokale Geschäfte. Gehen Sie die Boeveriestraat hinunter, bis Sie den Wehrgang erreichen, und folgen Sie dem gewundenen Pfad zur Rechten, der zum Smedenpoort führt. Dann rechts in die Smedenstraat abbiegen.

405 KANÄLE BEI NACHT

STARTPUNKT
Meestraat
Altstadt ②

Abends können Sie bei einem Kanalspaziergang das romantische Brügge kennenlernen. Gehen Sie zunächst die Meestraat hinunter bis zur alten Brücke, die zu den schönsten Ecken des Kanalnetzes zählt. Folgen Sie dann den Kanälen Groenerei, Predikherenrei, Verwersdijk und Spinolarei.

Die 5 besten FAHRRADVERLEIHE *und* -TOUREN

406 **DE KETTING**
Gentpoortstraat 23
Süd-Brügge ⑤
+32 (0)50 34 41 96
deketting.be

De Ketting (Die Kette) ist ein netter Fahrradladen, wo man ein robustes belgisches Fahrrad für einen Ausflug nach Damme, Sluis oder sogar bis an die Küste mieten kann. Kindersitze und E-Bikes gehören auch zum Angebot.

407 **BRUGES BIKE RENTAL**
Niklaas Despars-straat 17
Altstadt ①
+32 (0)50 61 61 08
brugesbikerental.be

Ein hilfsbereiter Fahrradshop in einer ruhigen Gasse nördlich vom Markt. Das Geschäft liegt in einem Keller unter einem Frisörsalon und verleiht Räder für halbe Tage oder länger. Hier gibt es auch Tandems und praktische E-Bikes zu mieten. Billiger als anderswo, aber bei den Fahrrädern handelt es sich manchmal um ältere Modelle.

408 PINK BEAR BIKE TOURS

TREFFPUNKT
Markt
Altstadt ②
+32 (0)50 61 66 86
pinkbear.be

Mieke organisiert Fahrradtouren am Kanal entlang von Brügge nach Damme. Die entspannte, freundliche Führerin lenkt gern das Augenmerk auf überraschende Details am Wegesrand wie Störche auf den Schornsteinen oder Lämmer auf den Weiden.

409 FIETSKOETSEN BRUGGE

Burg
Altstadt ②
+32 (0)478 40 95 57
fietskoetsenbrugge.be

Inspiriert von einem Aufenthalt in Manhattan entschloss sich Pieter Jacques Rikscha-Touren auch in Brügge anzubieten. Heute hat er ein ganzes Team von dynamischen jungen Stadtführern, die zwei bis drei Touristen mit Rikschas aus Polen durch die einsamen Kopfsteingassen kutschieren. Die dreißigminütigen Rundfahrten werden auf Niederländisch, Englisch, Französisch und Spanisch angeboten.

410 BLUE BIKES

HAUPTBAHNHOF BRÜGGE
Süd-Brügge ⑤
blue-bike.be

Mit dem Blue-Bike-System können Sie an Bahnhöfen Fahrräder gegen eine kleine Gebühr mieten. Doch zunächst muss man sich als Mitglied registrieren, was nur möglich ist, wenn man sich über längere Zeit in Belgien aufhält. Dazu füllt man online einen Fragebogen aus und zahlt einen geringen Jahresbeitrag. Sie erhalten per Post eine Smartcard, die man an jeder Blue-Bike-Station nutzen kann, um ein oder zwei Räder auszulösen. Die Station in Brügge verleiht bis zu 50 Fahrräder.

5 tolle Aktivitäten mit KINDERN

411 **HISTORIUM**
Markt 1
Altstadt ②
+32 (0)50 27 03 11
historium.be

Das Historicum erzählt die Geschichte von Brügge im 15. Jahrhundert. Die sieben Räume sind wie Filmkulissen eingerichtet. Man kann hier in Jan van Eycks Atelier einen Blick werfen, durch den Hafen spazieren und den Geruch eines Badehauses erleben.

412 **GRAAF VISARTPARK**
Karel de Stoutelaan 10
Vororte ⑦

König Leopold II. erschuf zu Beginn des 20. Jahrhunderts diese Parkanlage direkt vor den Toren der Altstadt. Heute gibt es hier einen Abenteuerspielplatz – perfekt für alle Kinder, die ein wenig Dampf ablassen wollen. Im Sommer steht im Schatten der alten Bäume eine Pop-up-Bar.

413 **MISSION MICHELANGELO**
Ezelstraat 79
Nord-Brügge ③
+32 (0)472 91 16 11
amazingescape.be

Das Escape-Spiel Mission Michelangelo ist toll für regnerische Tage. Inspiriert vom Diebstahl der Brügger Madonna, jagen die Spieler in den historischen Räumen nach Hinweisen. Ihr Team hat 60 Minuten Zeit, um das Meisterwerk vor der Zerstörung zu retten.

414 **BELFORT**

Markt 7
Altstadt ②
+32 (0)50 44 87 43
museabrugge.be

Bis zur Spitze des Belfort sind es 366 Stufen – perfekt für Kinder, die etwas überschüssige Energie loswerden müssen. Zu besichtigen sind die verstärkte Schatzkammer, das riesige neunstufige Carillon und der Raum, wo der Carilloneur spielt. Der Ausblick ist alle Aufstiegsmühen wert!

415 **DE ZEVEN TORENTJES**

Canadaring 41
Vororte ⑦
+32 (0)50 35 40 43
kiboe.be

Dieser Kinderbauernhof südlich von Brügge ist toll für einen Ausflug: Die Kleinen können hier verschiedene Gebäude erkunden, darunter einen Kuhstall, einen Schweinestall und eine Bäckerei (mit Holzofen). Außerdem kann man auf Holzpferdchen klettern und im Café einen Pfannkuchen verdrücken.

415 DE ZEVEN TORENTJES

Die 5 besten

KLEINEN FESTIVALS

416 **CACTUS**
MINNEWATERPARK
Süd-Brügge ⑤
+32 (0)50 33 20 14
cactusfestival.be

Dieses relaxte Musikfestival findet jeden Sommer vor der magischen Kulisse des Minnewaterparks statt. Ein freundliches, intimes Event über drei Tage mit einer bunten Mischung aus internationalen Rockbands und Solokünstlern.

417 **BENENWERK**
ASTRIDPARK UND ANDERE ORTE IN DER ALTSTADT
Altstadt
benenwerk.be

Ein riesiger Tanzmarathon, der an einem Sommerabend im August an zehn Open-Air-Locations in Brügge stattfindet. Das Festival beginnt in den frühen Abendstunden und bringt Live-Bands und DJs auf die Bühne, die verschiedene Tanzstile bedienen wie Swing, Tango, Salsa, Electro und Dubstep. Eintritt frei. Einfach hingehen und mittanzen!

418 **KLINKENDE KROEGEN**
Mittwochabende im Juli und August
brugge.be/klinkende-kroegen-5

Ein schlichtes Sommerevent für Musikfreunde und Touristen, wo lokale Bands in den relaxten Cafés, Bars und Bistros der Stadt auftreten. Das Programm umfasst so ziemlich jeden Musikstil, von Blues und Jazz über die Achtziger bis zu Funk und Soul.

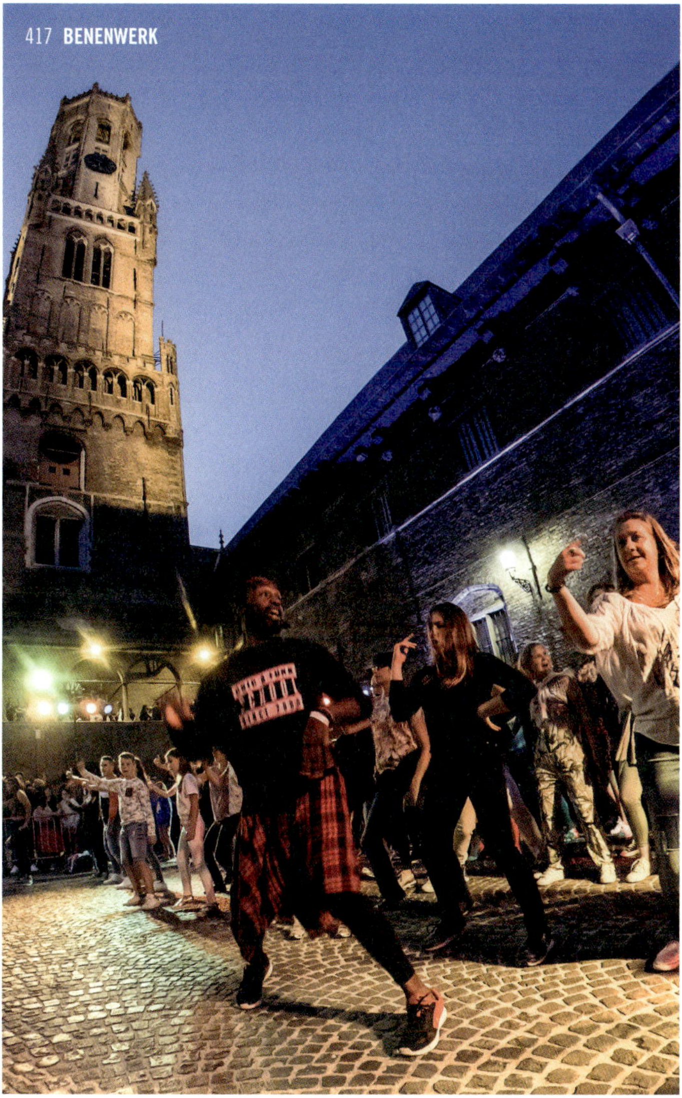

417 **BENENWERK**

419 **MAFESTIVAL**
CONCERTGEBOUW
't Zand 34
't Zand-Viertel ⑥
+32 (0)50 33 22 83
www.mafestival.be

Der alte Name lautet Musica Antique, heute bekannt als MA. Dieses zehntägige Festival findet an verschiedenen Orten in der Altstadt statt, darunter im wunderschönen Concertgebouw. Es bringt engagierte Künstler zusammen, die mittelalterliche europäische Musik auf historischen Instrumenten spielen. Begleitet wird das Festival von einer Instrumentenbauermesse. Zu den Veranstaltungsorten unter freiem Himmel werden Fahrradtouren organisiert.

420 **MOODS!**
Burg
Altstadt ②
+32 (0)50 33 20 14
moodsbrugge.be

Das Sommerfestival Moods! bringt internationale Bands und Solokünstler auf dem prachtvollen Burgplatz im Herzen der Stadt zusammen. Die Open-Air-Konzerte finden an mehreren Abenden im Juli und August statt. Die Bühne steht direkt vor dem beleuchteten gotischen Rathaus.

5
HISTORISCHE PROZESSIONEN

421 **HEILIG BLOEDPROCESSIE**
STARTPUNKT
Dijver
Altstadt ②
bloedprocessie brugge.be

Jedes Jahr seit ca. 1291 findet zu Christi Himmelfahrt die Heilig-Blut-Prozession statt. Rund 1.500 Einheimische tragen die kostbare Reliquie, die Tropfen von Jesu Blut enthalten soll, in einer über einen Kilometer langen Prozession durch die Straßen.

422 **BLINDEKENS-PROZESSION**
STARTPUNKT
Blindekens-Kapelle
Kreupelenstraat
't Zand-Viertel ⑥
brugsebelofte.be

Seit über 700 Jahren beginnen die Mitglieder des Ordens der Liebfrauenkapelle der Blinden ihre Prozession am 15. August an der Blindekens-Kapelle. In lange blaue Roben und Kappen gekleidet, halten sie eine Tradition am Leben, die 1304 nach der Schlacht von Pevelenberg begann, als ansässige Frauen gelobten, jedes Jahr »bis in die Unendlichkeit« eine Kerze für die sichere Heimkehr ihrer Männer zu stiften.

423 STERRENSTOET

STARTPUNKT
Sint-Janshospitaal
Mariastraat
Begijnhof-Viertel ⑤
comitevoorinitiatief.be/brugge/sterrenstoet

Obwohl das Sterrenstoet an eine mittelalterliche Prozession erinnert, stammt es aus dem Jahr 1932. Diese Nacherzählung der Weihnachtsgeschichte findet wenige Tage vor Weihnachten statt, um Geld für Bedürftige zu sammeln. Über 100 Teilnehmer in historischen Kostümen werden von Trommlern und einer Schafsherde begleitet.

424 FESTZUG DES GOLDENEN BAUMES / PRAALSTOET VAN DE GOUDEN BOOM

visit-bruges.be

Alle fünf Jahre findet ein spektakulärer Festumzug statt, der an die Vermählung von Karl dem Kühnen mit Margareta von York im Jahre 1458 erinnert. Dabei kleiden sich Tausende von Menschen in altertümlichen Kostümen und werden von Musikern, Jongleuren und sogar Tieren begleitet. Der nächste Umzug ist für August 2024 geplant.

425 MEIFOOR

't Zand
't Zand-Viertel ⑥
brugge.be/meifoor

Das Meifoor hat seit seiner Entstehung im Jahr 1200 bereits über achthundertmal stattgefunden. Die ursprüngliche alljährliche Handelsmesse hat sich mit der Zeit in einen Jahrmarkt verwandelt, der drei Wochen lang an verschiedenen Orten in der Stadt ausgerichtet wird. Die Kirmes findet von Ende April bis Anfang Mai statt und umfasst Fahrgeschäfte, *smoutebollen*-Stände (kleine Schmalzkugeln), Prozessionen und Feuerwerk.

Die 5 besten STRANDBÄDER rund um Brügge

426 **ZEEBRUGGE**
Umland ⑧
brugge.be/zeebrugge

Zeebrugge ist nicht nur ein Seehafen, sondern auch ein bescheidenes Strandbad. Hier kann man über den breiten Sandstrand spazieren, frischen Fisch im alten Hafenviertel genießen und von einer Aussichtsplattform aus das Treiben im Hafen beobachten. Bei Wind lassen Kinder ihre Drachen steigen, und waghalsige Kitesurfer tanzen über tosende Wellen. Die Zugfahrt von Brügge dauert 18 Minuten.

427 **BLANKENBERGE**
Umland ⑧
blankenberge.be

Blankenberge war eine Zeit lang ziemlich heruntergekommen, ist jedoch wieder stark im Kommen. Ein wenig überraschend sind daher die vielen Art-nouveau-Häuser, die hippen Strandbars und die coolen B&Bs, ebenso wie Belgiens einziger Vergnügungspier. Nur 13 Minuten mit dem Zug von Brügge.

427 **BLANKENBERGE**

429 **DE HAAN**

428 OSTENDE

Umland ⑧
visitoostende.be

Ostende ist schon längst nicht mehr die »Königin der belgischen Strandbäder«. Aber immer noch finden sich Spuren des einstigen Glanzes und viele kulturelle Highlights. In der Altstadt gibt es leckere Fischrestaurants, tolle Museen, Cafés und Geschäfte zu entdecken. Die Zugfahrt von Brügge dauert 14 Minuten.

429 DE HAAN

Umland ⑧
visitdehaan.be

Seit der Gründung im 19. Jahrhundert im Stil der deutschen Romantik hat sich De Haan kaum verändert. Die strikten Planungsvorgaben, die man zu jener Zeit festgelegt hat, haben den Bau moderner Wohnhäuser verhindert. So findet man hier auch heute noch kleine familiengeführte Hotels, exklusive B&Bs und schlichte Restaurants. Nehmen Sie den Zug nach Ostende und steigen Sie dann um in die Küstenbahn zu De Haans wunderschönem Belle-Époque-Bahnhof.

430 KNOKKE

Umland ⑧
knokke-heist.info

Knokke ist ein exklusiver Badeort, wo reiche Nordeuropäer ihre Wochenenden verbringen. Im 19. Jahrhundert von der Familie Lippens entwickelt, wird es vor allem von teuren Modelabels und Luxusmarken beherrscht, was der kleinen Stadt ein wenig den Charme raubt. Dennoch gibt es hinter dem Strand attraktive Viertel mit Kunstgalerien und Cafés zu entdecken. Die Zugfahrt von Brügge dauert 20 Minuten.

Die 5 besten RESTAURANTS IM UMLAND *von Brügge*

431 **SIPHON**
Damse Vaart-Oost 1
Damme
Umland ⑧
+32 (0)50 62 02 02
siphon.be

Dieses familiengeführte Restaurant liegt in Damme direkt am Kanal. Die Einheimischen kommen schon seit Jahren, um regionale Spezialitäten wie Fleisch vom Grill, Krabben aus Zeebrugge und frischen Aal zu genießen. Das hier erhältliche Siphon Craft-Bier wird in einer Mikrobrauerei im Schuppen gebraut.

432 **DE LAMME GOEDZAK**
Kerkstraat 13
Damme
Umland ⑧
+32 (0)472 84 79 72
delammegoedzak.be

Auf der Speisekarte dieses familiengeführten Restaurant in Damme stehen typische Gerichte der Region wie Steaks, Zeeland-Muscheln und Seezunge. Probieren Sie unbedingt die Pommes: Erst in Öl und dann in Rinderschmalz frittiert, ergibt das perfekte flämische *frietjes.*

433 **'T WERFTJE**
Werfkaai 29
Zeebrugge
Umland ⑧
+32 (0)497 55 30 10
twerftje.be

Mike und Herlinde betreiben ein alteingesessenes Café, das sich seit mehr als einhundert Jahren direkt am Hafen von Zeebrugge befindet. Ein freundliches Lokal mit Holzvertäfelung und Spiegeln, wo einheimische Fischer gern für eine Fischsuppe oder Herlindes berühmte *garnaalkroketten* vorbeischauen.

434 **OESTERPUT**
Wenduinse
Steenweg 16
Blankenberge
Umland ⑧
+32 (0)50 41 10 35
oesterput.com

Hier kann man nicht reservieren, es gibt nichts Ausgefallenes. Nur ganz einfach perfekt zubereitete Meeresfrüchte. Das Familienrestaurant der Devriendts liegt versteckt in den Dünen unweit des Jachthafens. Hier erhält man ausgezeichnete Gerichte wie frische Austern, kleine Wellhornschnecken, die man mit einem Zahnstocher aus der Schale fischt, und Hummer aus dem Wasserbecken.

435 **BRASSERIE FORT VAN BEIEREN**
Gemeneweide-
straat 51
Koolkerke
Umland ⑧
+32 (0)50 67 95 86
hippo.be/fort

In diesem alten Hof neben dem Fort van Beieren aus dem 18. Jahrhundert kann man herrlich zu Mittag essen. Die Küche serviert schlichte Gerichte und einige Spezialitäten wie gegrillte Scampi. Oder man nimmt draußen Platz und genießt ein kühles Brugse Zot. Vom Zentrum in 20 Minuten mit dem Fahrrad.

434 OESTERPUT

Die 5 besten FAHRRADROUTEN raus aus der Stadt

436 **BRÜGGE-DAMME**
STARTPUNKT
Dampoort
Sint-Gillis-Viertel ⑦
fietsnet.be

Diese schöne Tour folgt dem breiten Damse-Vaart-Kanal, der von Napoleon im frühen 19. Jahrhundert erbaut wurde. Die dreißigminütige Fahrt nach Damme führt Sie über eine ruhige Landstraße, die von schlanken kanadischen Pappeln gesäumt wird. Von Damme aus können Sie weiter am Kanal entlangfahren bis zur holländischen Grenzstadt Sluis. Folgen Sie den *fietsnet*-Radnetzwegen 23, 50, 10 und 6 zurück nach Damme.

437 **BRÜGGE-GENT-KANAL**
STARTPUNKT
Katelijnepoort
Süd-Brügge ⑤
fietsnet.be

Man kann die gesamte Strecke von Brügge bis nach Gent den Treidelpfad am Kanal entlangfahren, das sind insgesamt 45 km. Aber es gibt auch eine kürzere Tour und zwar von Brügge nach Beernem mit nur 14 km. Starten Sie am Katelijnepoort, wo der Fahrradweg unter der Ringstraße hindurch und zum Kanal führt.

438 BRÜGGE-BLANKENBERGE

STARTPUNKT
Kolenkaai
Vororte ⑦
fietsnet.be

Nach Blankenberge kommt man mit dem Fahrrad in rund 70 Minuten – wenn man keinen Gegenwind hat. Die meiste Zeit geht es dabei über flaches flämisches Ackerland, aber der letzte Abschnitt führt durch das Naturschutzgebiet Uitkerkse Polder. Starten Sie am Fahrradpunkt 27 auf den Wehranlagen und folgen Sie dann den Nummern 31, 69, 99, 45, 59, 5, 40, 88, 84, 26 und 76. Für eine Kaffeepause bietet sich das hübsche Dorf Lissewege an.

439 GROENE GORDEL

STARTPUNKT
Kolenkaai
Vororte ⑦
westtoer.be/nl/groene-gordel-brugge

Der Groene Gordel (Grüner Ring) führt Sie ins Brügger Umland. Die ausgeschilderte 53 km lange Strecke wurde sorgfältig geplant und durchquert waldreiche Gebiete mit Schlössern, ruhigen Kanälen und hübschen Dörfern. Das Tourismusbüro von West-Flandern in Westtoer hat eine praktische Karte der Route erstellt, die man auf der Webseite herunterladen kann.

440 WÄLDER BEI TILLEGEM

STARTPUNKT
Smedenpoort
't Zand-Viertel ⑥
fietsnet.be

Verlassen Sie die Stadt am Smedenpoort und erkunden Sie die Wälder westlich von Brügge. Sobald Sie den Vorort Sint-Michiels hinter sich gelassen haben, können Sie den verschlungenen Pfaden vorbei an Kapellen, Bauernhöfen mit Honigverkauf und Landhäusern folgen. Wählen Sie dazu die Routen 46, 57, 70, 59, 99, 97 und 13. Endziel ist das romantische Schloss Loppem.

5 interessante Orte mit GESCHICHTE rund um Brügge

441 **CENTRALE BEGRAAFPLAATS**
Kleine Kerkhofstraat
Assebroek
Vororte ⑦

Auf dem romantisch-stillen Stadtfriedhof findet man die bröckelnden Grüfte berühmter Bürger wie die des Dichters Guido Gezelle und des Bildhauers Henri Pickery. Halten Sie Ausschau nach dem ausgefallenen Grabmal von Antoine Michel Wernaer, bei Friedhofsarbeitern bekannt als Pirat Piet (mit dem efeubewachsenen Steinschädel).

442 **DAMME**
Umland ⑧
visitdamme.be

Der einstige bedeutende Seehafen Damme wurde im 16. Jahrhundert ausgebaut. In den letzten Jahren erlebte die Stadt eine neue Blüte als Bücherstadt. Ein hübscher kleiner Ort, wo man durch stille gepflasterte Gassen spazieren oder sich in die kleinste Buchhandlung der Beneluxländer quetschen kann.

443 **FORT VAN BEIEREN**
Kasteeldreef 21
Koolkerke
Umland ⑧

Das Fort van Beieren ist ein Relikt des Spanischen Erbfolgekrieges. Französische Truppen errichteten die Festung 1705. Sie wurde 1956 abgerissen, heute sind nur noch die ungefähren Verläufe der Erdwälle zu erahnen.

444 **SEAFRONT ZEEBRUGGE**
Vismijnstraat 7
Zeebrugge
Umland ⑧
+32 (0)50 55 14 15
seafront.be

Die ehemaligen Fischauktionshallen im Hafen von Zeebrugge werden nach und nach in einen maritimen Freizeitpark umgewandelt. Der Komplex bietet nun Abenteueraktivitäten an, die sich mit dem Thema Meer befassen. Auf dem Gelände gibt es mehrere Pop-up-Ladengeschäfte, und im Sommer stehen entlang der Kais farbenfrohe Food-Trucks.

445 **KASTEEL VAN LOPPEM**
Steenbrugsestraat 26
Zedelgem-Loppem
Umland ⑧
+32 (0)50 82 22 45
kasteelvanloppem.be

Das relativ unbekannte Schloss Loppem liegt direkt vor den Toren der Stadt. Der flämisch-neugotische Prachtbau aus dem 19. Jahrhundert, der vom Architekten Jean de Bethune entworfen wurde, hat eine faszinierende Inneneinrichtung. Am Ende des Gartens liegt ein 1873 angelegtes Heckenlabyrinth.

441 CENTRALE BEGRAAFPLAATS

Die 5 schönsten WANDERUNGEN *bei Brügge*

446 **LAPPERSFORTBOS**
STARTPUNKT
Vaartdijkstraat
Vororte ⑦

Lokale Aktivisten mussten verbissen dafür kämpfen, das kleine Waldstück bei Brügge namens Lappersfortbos zu erhalten. Eingepfercht zwischen einer Eisenbahntrasse, einem Kanal und einem Industriegebiet, ist dieses Wäldchen mit seinen verschlungenen Pfaden, einem Fluss und einem Spielplatz überraschend romantisch.

447 **KASTEELBOSSEN**
STARTPUNKT
DOMEIN TILLEGEM
Wittemolenstraat
Vororte ⑦

Das riesige Waldgebiet Kasteelbossen (Schlosswald) liegt westlich von Brügge und vereint drei Grundstücke historischer Landhäuser, die von wohlhabenden Brügger Familien erbaut wurden. Die Drie Kastelenwandelroute (Drei-Schlösser-Route) führt über 12 km durch eine abwechslungsreiche Landschaft aus Wiesen, Wäldern und Obstgärten.

448 ASSEBROEKSE MEERSEN

STARTPUNKT
KIRCHE IN ASSEBROEK
Pastoor Verhaegheplein
Assebroek
Umland ⑧

Dieser ursprüngliche und windige Abschnitt aus Grasflächen und Marschwiesen liegt südlich von Brügge. Hier befinden sich drei mysteriöse konzentrische Kreise, die man zwar vom Boden aus nicht erkennen kann, aber dafür sehr deutlich auf Google Earth. Die Wanderwege werden von Weiden gesäumt und sind perfekt für das Erspähen von seltenen Zugvögeln. Im Winter ist die Gegend eher trostlos.

449 KÜSTENWANDERWEG

kustwandelroute.be

Über die ausgewiesenen Wege der *kustwandelroute* ist es möglich, die gesamte belgische Küste zu Fuß entlangzuwandern. Der schönste Abschnitt führt durch die Dünen zwischen De Haan und Wenduine, wo man im 19. Jahrhundert Kiefern angepflanzt hat. Dank der Küstenbahn, die entlang der Strecke hält, kann man an jeder Stelle zum Weg dazustoßen oder die Wanderung abbrechen.

450 HET ZWIN

Graaf Léon
Lippensdreef 8
Knokke-Heist
Umland ⑧
+32 (0)50 60 70 86
zwin.be

Het Zwin ist eine naturbelassene Landschaft aus Sümpfen und Dünen östlich von Knokke. Auf markierten Wegen kann man diese Gegend zu Fuß erkunden und dabei nistende Störche und sogar grasende Highland-Rinder beobachten. Man kann zwischen verschiedenen Routen von 2 bis 12 km Länge wählen.

20 MENSCHEN, DIE BRÜGGE GEPRÄGT HABEN

Die 5 insprierendsten Brügger KÜNSTLER *und* SCHRIFTSTELLER

451 **FERNAND KHNOPFF**
Langestraat 1
Sint-Anna-Viertel ④

Der Künstler Fernand Khnopff verbrachte seine ersten Lebensjahre in diesem eleganten Kanalhaus in der Langestraat 1, heute das Hotel ter Reien. Er kehrte nur selten in seinen Geburtsort zurück, aus Angst, den Zauber der Kindheit nicht mehr heraufbeschwören zu können. In fast allen Gemälden finden sich seine Erinnerungen an dieses Haus am Wasser wieder.

452 **HUGO CLAUS**

Der 1929 im Sint-Janshospitaal geborene flämische Schriftsteller Hugo Claus verbrachte seine Jugendjahre in einem katholischen Internat. Der gefeierte Dichter, Maler und Autor war mehrmals für den Literaturnobelpreis nominiert. Sein bekanntester Roman *Der Kummer von Belgien* handelt von der flämischen Kollaboration während der deutschen Besatzung im Zweiten Weltkrieg.

453 PIETER ASPE

De Loge van Marec
Sint-Jakobsstraat 6
Altstadt ①
+32 (0)50 61 13 66
aspenv.be

Der flämische Krimiautor Pieter Aspe war viele Jahre Gebäudewart der Heilig-Blut-Kapelle, bevor er sich dem Schreiben zuwandte. Viele seiner Bestseller spielen in Brügge, darunter der Thriller *Das Quadrat der Rache*. Nach seinem Tod 2021 wurde seine Asche mit der Tinte vermischt, mit der man sein posthumes Werk gedruckt hat. Zusammen mit dem Cartoonzeichner Marec hatte er eine Buchhandlung und Galerie eröffnet, die von Marec weitergeführt wird. Lesetipp: der Thriller *Die Kinder des Chronos*.

454 SAMMY SLABBINCK

sammyslabbinck.be

Sammy ist der Sohn des Brügger Künstlers Frank Slabbinck. Seine Jugendjahre verbrachte er damit, die Flohmärkte nach alten Magazinen zu durchstöbern. Heute hat er eine riesige Sammlung von *Paris Match* bis *Playboy* und stellt daraus surreale Collagen aus scheinbar unvereinbaren Schnipseln zusammen.

455 ROBERT DEVRIENDT

robertdevriendt.be

Der 1955 geborene Brügger Künstler Robert Devriendt wurde oft mit den Altniederländischen Meistern wie Jan van Eyck und Hans Memling verglichen, womit er selbst nichts anfangen kann. Er malt kleine Bilderreihen mit erstaunlichem Detailreichtum. Wie rätselhafte, unfertige Filmchen illustrieren sie düstere Themen wie Begierde und Mord.

5 berühmte AUSLÄNDER IN BRÜGGE

456 **GIOVANNI ARNOLFINI**

Der junge Italiener Giovanni Arnolfini kam 1420 nach Brügge, wo er als Kaufmann und Bankier arbeitete. 1434 ging er auf Brautschau und fand in seiner Heimatstadt Lucca die wohlhabende Giovanna Cenami. Das weltberühmte Gemälde von Jan van Eyck in der Londoner National Gallery soll das Hochzeitsporträt von Arnolfini und seiner Braut darstellen, gemalt in seinem Brügger Wohnhaus.

457 **WILLIAM CAXTON**

Der englische Kaufmann William Caxton lebte viele Jahre in dieser Stadt. Acht Jahre lang war er *Acting Governor of the English Nation beyond the Sea*, gründete mit dem ansässigen Drucker Colard Mansion eine Druckerei und druckte 1475 in Brügge das erste Buch in englischer Sprache.

458 JUAN LUIS VIVES

Bonifaciusbrug
Altstadt ②

In der Nähe der kleinen Bonifacius-Brücke versteckt sich hinter Bäumen eine Bronzebüste von Juan Luis Vives. Sie wurde 1957 vom spanischen Bildhauer Ramón Mateu in Gedenken an den spanischen Humanisten des 16. Jahrhunderts gefertigt, der sich 1512 in Brügge niederließ.

459 TOMMASO PORTINARI

Garenmarkt 15
Astridpark-Viertel ②

Der italienische Kaufmann Tommaso Portinari vertrat im 15. Jahrhundert die Medici-Bank. Er beauftragte Memling, ein Porträt von sich und seiner Gemahlin zu fertigen, das heute im Metropolitan Museum of Art in New York hängt. Im Hotel Portinari aus dem 18. Jahrhundert, das hier anstelle des einstigen Kaufmannspalastes steht, residiert heute das College of Europe.

460 FANNY TROLLOPE

Het Witte Huis
Gistelsesteenweg 30
Vororte ⑦

Die britische Schriftstellerin Fanny Trollope zog 1832 mit ihrem mittellosen Ehemann und den Kindern nach Brügge, darunter der junge Anthony Trollope. Die verarmte Familie mietete sich in der Villa Château d'Hondt direkt vor den Toren der Stadt ein. Ihr Gatte und der Sohn sind im Bereich des städtischen Friedhofs beerdigt, der unter dem Namen *Engels kerkhof* (Englischer Friedhof) bekannt ist.

5 bemerkenswerte GRABMÄLER

461 **MARIA VON BURGUND**
ONZE-LIEVE-VROUWEKERK
Mariastraat
Altstadt ②
+32 (0)50 44 87 11
visitbruges.be

Maria von Burgund, Tochter von Karl dem Kühnen, starb 1482 bei einem Sturz vom Pferd in den Wäldern bei Brügge. Ihr Gemahl Maximilian gab 1495 ein spektakuläres Grabmal in Auftrag, das sich in der Liebfrauenkirche befindet.

462 **KARL DER KÜHNE**
ONZE-LIEVE-VROUWEKERK
Mariastraat
Altstadt ②
+32 (0)50 44 87 11
visitbruges.be

Karl der Kühne wurde 1477 bei einer Belagerung getötet und im französischen Nancy beigesetzt. 1550 wurden seine Gebeine nach Brügge in die Liebfrauenkirche überführt, um ihn neben seiner Tochter zu bestatten. Ob es sich tatsächlich um seine sterblichen Überreste handelt, bleibt ungewiss.

463 **FERRY DE GROS**
SINT-JAKOBSKERK
Sint-Jakobsstraat
Altstadt ①

In der Sint-Jakobskerk versteckt sich eine ungewöhnliche Renaissance-Kapelle. Sie wurde 1521 von Ferry de Gros gestiftet, nachdem seine erste Gattin verstorben war. Der Bildhauer hat Ehemann und Gemahlin nebeneinander platziert. Allerdings liegt da noch eine weitere Dame – de Gros' zweite Ehefrau, die 1530 verstarb.

464 **PIETER LANCHALS**
ONZE-LIEVE-VROUWEKERK
Mariastraat
Altstadt ②
+32 (0)50 44 87 11
visitbruges.be

Am reich verzierten Grabmal von Pieter Lanchals sieht man ein Emblem mit einem Schwan (auf Niederländisch »Langhals«). Der städtische Beamte wurde 1488 bei Aufständen auf dem Marktplatz gefoltert und geköpft, da er ein Anhänger des unbeliebten Kaisers Maximilian war.

465 **VIER UNBEKANNTE SOLDATEN**
Kleine Kerkhofstraat
Vororte ⑦

Auf dem Städtischen Friedhof liegen die Gräber von 15 unbekannten Soldaten aus dem Ersten Weltkrieg. Vier davon enthalten die sterblichen Überreste von vier von fünf unbekannten Soldaten, die von verschiedenen Schlachtfeldern nach Brügge gebracht worden sind. Ein Gefallener wurde für das Denkmal des Unbekannten Soldaten ausgewählt und nach Brüssel verlegt.

463 **FERRY DE GROS**

5
BERÜHMTE SÖHNE DER STADT

466 **JAN BREYDEL**
Markt
Altstadt ②

Das Fußballstadion des Club Brügge ist nach Jan Breydel benannt, das Denkmal am Markt zeigt ihn mit Pieter de Coninck. 1302 führten beide in der Sporenschlacht von Kortrijk ein flämisches Fußheer gegen ein französisches Ritterheer. Neueste Forschungen vermuten, dass Breydel nicht gekämpft, sondern das Heer mit Fleisch versorgt hat.

466 JAN BREYDEL

467 **LODEWIJK VAN GRUUTHUSE**
Dijver 17-C
Altstadt ②
+32 (0)50 44 87 43
visitbruges.be

Lodewijk van Gruuthuse, ein Ritter des Ordens vom Goldenen Vlies, handelte mit Waffen, sammelte seltene Handschriften und baute einen imposanten Palast im Zentrum von Brügge. Zu seinen Gästen zählte König Eduard IV. von England.

468 **SIMON STEVIN**
Simon Stevinplein
Altstadt ②

Der Platz Simon Stevinplein ist nach dem um 1548 in Brügge geborenen Wissenschaftler benannt. Stevin verwendete als Erster die Dezimalstelle, entwarf militärische Befestigungsanlagen und erfand den berühmten Segelwagen. Seine Statue hält eine Zeichnung davon in der Hand. Der Wagen konnte mit 28 Passagieren an Bord Geschwindigkeiten von bis zu 35 km/h erreichen.

469 **KÖNIG LEOPOLD II.**

In einer Rede 1877 rief König Leopold II. die Brügger auf, »die alten und antiken Denkmäler zu restaurieren«, da »die gesamte Stadt in ein riesiges, fantastisches Museum verwandelt werden solle, das kein Tourist übergehen möchte«.

470 **FRANK VAN ACKER**
Vismarkt
Altstadt ②

Diese Statue am Wasser erinnert an Frank Van Acker, der von 1977 bis 1992 als Bürgermeister von Brügge die Altstadt neu gestaltete. Die stinkenden Kanäle wurden gereinigt, der Asphalt durch Kopfsteinpflaster ersetzt, und die Autos mussten den Fußgängern und Fahrradfahrern Platz machen.

30
KURIOSE FAKTEN UND DETAILS

Die 5
VERRÜCKTESTEN SEHENSWÜRDIGKEITEN

471 **DUMERY-GLOCKE**
Joris Dumeryplein
't Zand-Viertel ⑥

Die Dumery-Glocke steht in einem Holzgerüst auf dem gleichnamigen Platz. Die 700 kg schwere Glocke wurde im 18. Jahrhundert nicht weit von hier in der Glockengießerei von Joris Dumery gegossen und hing ursprünglich im Belfort. Heute wird die Glocke fünfmal im Jahr für zehn Minuten geläutet.

472 **DER VERSCHWUNDENE FLUSS**
Jan van Eyckplein
Altstadt ①

Vom Dampoort zum Marktplatz führte einst ein Fluss, doch der Abschnitt entlang des Kraanrei wurde überbaut. Der Verlauf des versteckten Wasserlaufs verrät sich dank der 13 Gullydeckel, die ein gotisches B für Brügge tragen. Man findet sie unweit der Jan-van-Eyck-Statue.

473 **SMEDENPOORT-SCHÄDEL**
Smedenstraat 71
't Zand-Viertel ⑥

Schauen Sie am Smedenpoort genau hin, dann entdecken Sie den Bronzeschädel. Im 17. Jahrhundert stand Ludwig XIV. kurz davor, Brügge einzunehmen. Ein Verräter wollte den Feind hineinlotsen, doch er wurde entdeckt und enthauptet. Sein Schädel diente als Warnung und wurde später durch eine Bronze ersetzt.

474 HOLZKRAN

Wulpenstraat
Sint-Gillis-Viertel ③

Die beeindruckende Nachbildung eines mittelalterlichen Krans steht unweit des Dampoort. Er wurde 2002 am örtlichen Technikkolleg von Tischlerlehrlingen nachgebaut. Das Original stand früher am Kraanplaats und hatte ebenfalls einen kleinen Holzvogel auf der Spitze.

475 KUNSTWERK COUPURE

Coupure
Altstadt ②
kwaadbloed.com

Seit 2002 steht ein Kunstwerk des Brüsseler Choreografen Ugo Dehaes an der neuen Conzettbrücke über den Coupure-Kanal. Das c/o/u/p/u/r/e besteht aus einer aufgehängten Figur, deren Segmente von Drähten gehalten werden. Das Modell wird durch einen Bewegungssensor in einem benachbarten Baum aktiviert. Doch man sollte ein wenig Geduld mitbringen.

474 HOLZKRAN

5

TIERE,

die man nicht erwarten würde

476 **BÄR**
Academiestraat 14
Altstadt ①

Die Bärenstatue an der Mauer der Poortersloge aus dem 15. Jahrhundert wird oft als ältester Bürger der Stadt bezeichnet. Sie erinnert an eine mittelalterliche Legende, nach der der Graf von Flandern, Balduin Eisenarm, einen Polarbären in den Wäldern bei Brügge getötet haben soll. Seitdem ist der Bär das Wahrzeichen der Stadt.

477 **HUND**
Groenerei
Altstadt ②

Bis zu seinem Tod im Jahr 2016 war der Golden Retriever Fidèle der bekannteste Hund Belgiens. Oft sah man ihn mit dem Kopf auf einem alten Kissen auf der Fensterbank des Gasthauses Côté Canal warten, das den Groenerei-Kanal überblickt. Er spielte sogar eine kleinere Rolle im Film *Brügge sehen… und sterben?*

478 SCHWÄNE

Wijngaardplein
Begijnhof-Viertel ⑤

Oft wird behauptet, Kaiser Maximilian hätte die Bürger wegen der Hinrichtung seines treuen Beamten Pieter Lanchals bestraft, indem er verfügte, dass man 52 Schwäne auf den Kanälen von Brügge zu halten habe. Das ist allerdings ziemlich unwahrscheinlich, denn die Tiere waren schon lange vor Kaiser Maximilian Teil des Stadtbilds.

479 SCHAFE

Langerei 75
Sint-Gillis-Viertel ③

Hunde sind ein alltäglicher Anblick, Schafe eher nicht. Man findet sie grasend im Park Hof de Jonghe sowie am Damse Vaart in Richtung Damme. Jedes Jahr wird eine Schafsherde nach Brügge getrieben, um sie an der Heilig-Blut-Prozession teilzunehmen zu lassen. Gelegentlich verirren sich dabei ein oder zwei der wolligen Tiere in die umliegenden Geschäfte.

480 PFERDE

Pferde, die Kutschen durch die Straßen ziehen, sieht man häufiger in Brügge. Sie behindern den Verkehr und sind ein Ärgernis für einheimische Autofahrer. Einige plädieren daher für ein Verbot. Doch die Pferdebesitzer betonen, dass die Tiere in luxuriösen Stallungen untergebracht sind, wo sie Duschen und zwei Ruhetage für jeden Tag erhalten, an denen sie Touristen durch die Stadt kutschieren.

5
ÜBERRASCHENDE DATEN
aus Brügges Geschichte

481 **3. JULI 1468**

An jenem Tag heiratete Karl der Kühne in Damme Margareta von York, gefolgt von zehn Tagen voller Festlichkeiten in Brügge. Dies war eine der prachtvollsten Hochzeiten der Geschichte. Alle fünf Jahre wird mit dem Festzug des Goldenen Baumes an dieses Ereignis erinnert.

482 **20. SEPTEMBER 1949**
Dijver 9
Altstadt ②
coleurope.eu

Das College of Europe wurde 1949 in einem stattlichen Gebäude mit Blick auf den Dijver von den Gründungsvätern Europas kurz nach Ende des Zweiten Weltkriegs ins Leben gerufen. Das Ziel war eine Graduiertenausbildung für die zukünftige europäische Elite. Heute ist das Europakolleg in mehreren historischen Gebäuden im gesamten Stadtgebiet untergebracht.

483 **21. SEPTEMBER 1988**

An diesem Tag hielt die britische Premierministerin Margaret Thatcher im Gewandhaus unterm Belfort eine an das Europakolleg gerichete Rede. Mit ihren europafeindlichen Aussagen rief sie große Empörung hervor. Das Ereignis führte zur Gründung der mächtigen Bruges Group, die sich dafür einsetzte, Großbritannien aus der Europäischen Union zu drängen – was ja seit dem Brexit nicht mehr nötig ist.

484 **20. FEBRUAR 2002**

Brügge begann sein Jahr als Kulturhauptstadt Europas mit ehrgeizigen Projekten, die die Stadt revitalisieren sollten. Die Pläne umfassten zeitgenössische Architektur, Dichtkunst an öffentlichen Plätzen und moderne Skulpturen. Zum Nachlass von 2002 zählen das Concertgebouw, die Conzett-Brücke und die Gedichte an mehreren Hausfassaden.

485 **9. MAI 2005**

An jenem Tag fotografierte Spencer Tunick 700 nackte Personen vor dem Stadttheater als Teil des Kunstfestivals Corpus 05. Später am Tag organisierte er ein Fotoshooting mit fast 2.000 Teilnehmern, die sich mitten auf die Vlamingstraat legten. Den nassen und windigen Tag rundete er ab, indem er 270 unbekleidete Frauen in einer Prozession aus Touristenbooten ablichtete.

5 *Straßen*
OHNE GEDRÄNGE

486 **PHILIPSTOCKSTRAAT**
Philipstockstraat
Altstadt ①

Brügge ist manchmal unglaublich voll, aber es ist leicht, alternative Routen zu finden. Die schmale Gasse Breidelstraat, die den Markt mit dem Burgplatz verbindet, ist oft mit Touristen überfüllt. Weniger gedrängt geht es da in der Philipstockstraat zu. Von hier nimmt man die Burgstraat, um durch einen Park schließlich zum Burgplatz zu gelangen.

487 **HALLESTRAAT**
Hallestraat
Altstadt ②

Die enge Wollestraat ist oft voller Besucher, die vom Markt zum Rozenhoedkaai gehen. Als Alternative biegen Sie in die ruhige Hallestraat rechts vom Gewandhaus ein und gehen immer geradeaus, bis Sie die beinahe menschenleere Kartuizerinnenstraat erreichen. Diese führt Sie bis kurz vor den Rozenhoedkaai.

488 **GROENINGE**
Groeninge
Altstadt ②

Die Katelijnstraat ist eine verkehrsreiche Straße im Brügger Zentrum. Wenn Sie vom Dijver zum Begijnhof gehen möchten, können Sie stattdessen die ruhige Straße Groeninge nehmen und dann in die Kastanjeboomstraat abbiegen, so bleibt das ganze Chaos links liegen.

489 ARSENAALSTRAAT

Arsenaalstraat
Begijnhof-Viertel ⑤

Die schmale Gasse Wijngaardstraat wird von Touristen genutzt, um zum Begijnhof zu kommen. Man muss sich aber nicht durch die Menschenmassen kämpfen. Es gibt eine Ausweichroute über die ruhige Arsenaalstraat, die zu einem ruhigen Eingang des Begijnhof führt.

490 HEILIGE-GEESTSTRAAT

Heilige-Geeststraat
Altstadt ②

Die meisten nutzen die Mariastraat, um vom Begijnhof-Viertel zum Einkaufsviertel rund um den Simon Stevinplein zu gelangen. Die ruhigere Alternative ist die Heilige-Geeststraat auf der Rückseite der Kathedrale. Von dort gehen Sie weiter über die Sint-Salvatorskoorstraat bis zum Simon Stevinplein.

486 PHILIPSTOCKSTRAAT

5 *ruhig gelegene*
BÄNKE MIT AUSSICHT

491 **GROENEREI**
GEGENÜBER VON
Groenerei 2
Altstadt ②

Im gesamten Stadtgebiet gibt es grüne Holzbänke, die auf reich verzierten Drachen aus Eisen ruhen. Eine dieser Parkbänke finden Sie unter schattigen Linden direkt am Groenerei-Kanal, nicht weit von der Stelle entfernt, wo Churchill gern malte, wenn er nach Brügge kam.

492 **PREDIKHERENREI**
MIT BLICK AUF
Predikherenrei 1
Sint-Anna-Viertel ④

Eine einsame grüne Bank steht direkt am Wasser des Predikherenrei vor dem Restaurant Uilenspiegel. Von hier hat man einen tollen Blick auf den Groenerei-Kanal bis zum Belfort. Das perfekte Plätzchen, um im Herbst im Schatten der alten Platane den Füßen eine Ruhepause zu gönnen.

493 AUGUSTIJNENREI

MIT BLICK AUF
Augustijnenrei 11
Altstadt ①

Eine ganze Reihe von grünen Parkbänken auf Drachenfüßen steht im Schatten von sechs Lindenbäumen entlang des Augusteijnenrei-Kanals. Nur wenige Touristen verirren sich hierher, dabei liegt dieses wunderschöne Fleckchen Erde in der Nähe einer historischen Steinbrücke und ist ideal für ein kleines Picknick.

494 STUFEN AM 'T ZAND

NEBEN
Concertgebouw
't Zand 34
't Zand-Viertel ⑥

Von 2016 bis 2018 wurde 't Zand von den holländischen Architekten West 8 neu gestaltet. Das Ergebnis ist ein weiter offener Platz mit schmucklosen Betonbänken und einigen jungen Bäumen. Auf den zwei Sitztreppen, die zum versteckten Kapucijnenrei hinunterführen, versammeln sich an Sommerabenden die Einheimischen, um die romantische Stimmung zu genießen.

495 VLAMINGBRUG

BEI
Sint-Jorisstraat 1
Altstadt ①

In die Brüstung der alten Steinbrücke auf der Vlamingstraat sind niedrige Bänke eingeschnitten. Historiker glauben, dass diese von Händlern als Verkaufsstände genutzt wurden, um Kleidung und andere Waren auszustellen. Heute sitzt man hier ganz einfach gern in der Sonne.

Die 5 seltsamsten
URBANEN LEGENDEN

496 **DER MERIDIAN VON BRÜGGE**
Markt 15
Altstadt ②

Viele übersehen die Messingknöpfe, die auf dem Markt zwischen dem Restaurant Meridian 3 und der Brasserie de Carré im Pflaster eingelassen sind. Sie sind in gerader Linie mit einer Goldkugel verbunden, die sich auf dem Dach des Huis Bouchoute aus dem 15. Jahrhundert befindet. Zusammen ergeben sie eine Art Sonnenuhr, die die Mittagszeit anzeigt. Diese seltsame Erfindung war eine von zehn, die 1836 in Belgien installiert wurden, um die Uhren im Land aufeinander abzustimmen und den Zugverkehr zu synchronisieren.

497 **DIE FROSCHPLAGE**
GEGENÜBER VON
Dijver 4
Altstadt ②

Die Bildhauer Depuydt und Canestraro schufen in den 1980er-Jahren über zwanzig moderne Bronzestatuen in Brügge. In einigen versteckten sie einen Frosch, darunter in *De Geliefden* (Die Geliebten) auf dem Burgplatz und in *De Bloementuil* (Der Blumenkorb) am Dijver, wo sich vier kleine Frösche zwischen den Blüten verstecken. Die Kinder lieben es, nach den Tieren zu suchen.

498 DAS GEHEIME GEDICHT

't Zand 34
't Zand-Viertel ⑥
+32 (0)50 47 69 99
concertgebouw.be

Der Dichter Peter Verhelst schrieb 2002 ein langes Gedicht für das Concertgebouw. Es wurde in einzelne Fragmente aufgebrochen und an den Rückseiten der 1.300 Sitzplätze im Hauptkonzertsaal angebracht. Da es nie veröffentlicht wurde, kann man die Zeilen nur lesen, wenn man langsam die Reihen des Konzertsaals abschreitet.

499 DAS SPUKHAUS

Spanjaardstraat 17
Altstadt ①

Das Haus in der Spanjaardstraat 17 steht an der Stelle eines Frauenklosters, das einst über einen geheimen Tunnel mit einem Mönchskloster verbunden war. Einer alten Legende zufolge nutzte 1498 ein verliebter italienischer Mönch eines Nachts den Gang, um zu einer Nonne zu gelangen. Als diese sein Werben ablehnte, tötete er sie im Zorn. Angeblich soll seitdem ihr Geist durch das Gebäude streifen.

500 WENN DU FORTGEHST

Bargeweg 2
Begijnhof-Viertel ⑤

In der ganzen Stadt sind an öffentlichen Plätzen Gedichte zu sehen, Überbleibsel aus dem Jahr 2002, als Brügge Kulturhauptstadt Europas war. Eines davon wurde auf eine weiß getünchte Wand des am Wasser stehenden Bargehuis gemalt, wo bis ins 19. Jahrhundert fröhlich geschmückte Barken nach Gent ablegten. Es besagt: »Wenn du fortgehst, wirst du zurückkommen / Wenn ich zurückkomme, wirst du da sein?«

“ALS JE WEGG
KOM JE DAN WEER TERUG

T”
DUO

REGISTER

IMPRESSUM

DEUTSCHE AUSGABE © 2022 BRUCKMANN VERLAG GMBH, INFANTERIESTRASSE 11A., 80797 MÜNCHEN

AUTOR – Derek Blyth

FOTOS – Roel Hendrickx – roelh.zenfolio.com

COVERFOTO – Innenhof der Brauerei »De Halve Maan« – Ruslan Kalnitsky / shutterstock

LAYOUT – Joke Gossé und doublebill.design

DEUTSCHE ÜBERSETZUNG – Silke Elzner

PROJEKTLEITUNG – Claudia Hohdorf, Maren Langendorff

SATZ UND LEKTORAT – Sabine Tönnies

KORREKTORAT – Claudia Alt

HERSTELLUNG – Alexander Knoll

Printed in Slovenia by Florjancic

ISBN 978-3-7343-1986-0
© 2018, Luster Publishing, Antwerpen
lusterpublishing.com – the500hiddensecrets.com – info@lusterpublishing.com

Die Deutsche Nationalbibliothek verzeichnet diese Publikation in der Deutschen Nationalbibliografie; detaillierte bibliografische Daten sind im Internet über http://dnb.d-nb.de abrufbar.